冬季奥林匹克之旅

杨燕萍 主编

Winter Olympics
An Overview

中国人民大学出版社
·北京·

序　一

从 2001 年开始，我在国际奥委会担任委员、执委、副主席。十几年来，我目睹了北京奥运会、伦敦奥运会、里约奥运会等多届盛会，感受到了国际奥林匹克运动在世界范围内极大的影响力，同时也感受到应当让更多的人参与这样一项事业，让更多的人享受体育和奥林匹克运动的乐趣。第二十四届冬奥会将于 2022 年在北京－张家口举办，已经有过 2008 年夏季奥运会举办经验的北京无疑会交出一份令人满意的答卷。

今闻中国人民大学人文奥运研究中心将出版两本介绍冬奥会知识的普及性读物《冬奥会项目及观赛指南》和《冬季奥林匹克之旅》，我非常高兴，这对于普及冬奥会知识、提高大众欣赏冬季冰雪运动的水平、促进大众的运动参与大有益处。我们家族与中国有着深厚的渊源，我父亲自 1978 年以来曾 29 次到访中国，也曾访问过中国人民大学人文奥运研究中心，并受聘担任中国人民大学名誉教授。因此当中国人民大学邀请我为这两本书作序时，我欣然允之。我希望能够有更多的人了解冬季奥林匹克运动并领略冰雪运动的魅力。我同样期待 2022 年，拥有数千年悠久历史，以及独特的文化、传统、礼仪与待客之道的中国，能够让全世界人民看到一届“无与伦比”的冬奥会。

国际奥委会副主席：胡安·安东尼奥·萨马兰奇

序　　二

2015 年 7 月 31 日，在马来西亚吉隆坡举行的国际奥委会第 128 次全会上，国际奥委会主席巴赫郑重宣布：北京、张家口获得 2022 年第 24 届冬季奥林匹克运动会主办资格。我们期盼那个冬天，冰霜凝结着激情，雪花舞动着梦想，北京将成为世界上第一个既举办过夏奥会也举办过冬奥会的城市，张家口也将进入奥运城市的行列。从 2008 年的百年圆梦到 2022 年的“双料”奥运主办方，中华民族满怀热情走近奥运，奥运也以最大的信任拥抱了中国，拥抱了北京。

《奥林匹克宪章》指出：奥林匹克主义是一种生活哲学，它追求身体、意志和精神方面的整体平衡和超越。将运动与文化和教育融合在一起，奥林匹克主义寻求创造一种建立在奋斗之上的乐趣、良好榜样的教育价值和对世界基本伦理原则的尊重。奥林匹克生活哲学和教育价值是怎样浸入大众的认知和心灵的呢？这主要不是通过课堂、书本和教案，而是通过亲历训练场的艰辛汗水、竞技场的激情迸发，感悟奥运元素的多元意涵、运动项目的速度与韵律、赛事规则的伦理与精神、奥林匹克大家庭的聚会与狂欢，体味每一场比赛的欢乐与泪水、角逐与拥抱、跌倒与爬起、极限与超越。2008 年，我们近距离地接受了奥林匹克生活哲学和教育价值的洗礼，2022 年是我们新的机遇。

然而相比夏季奥运会，我国大众对于冬季奥运会的关注、知晓和理解却要少得多。根据中国人民大学人文奥运研究中心 2014—2015 年、2015—2016 年连续两个冰雪季节的社会调查，我国公众对冬奥会、冰雪运动的认知度较低，仅有 28.7% 的受访者了解冬奥会相关资讯。对于冬奥会专业运动项目，公众认知大抵停留在 2007 年亚冬会时的水平："我也看不懂这比赛，反正给中国队加油就是了。"调查还显示，我国北京居民中经常参与和观赏冰雪项目的仅占 3.6% 和 8.6%，与欧洲、北美的一些冰雪大国相差很远。造成这种状况的主要原因是我国开展的冰雪运动项目种类和参与人数都比较少，国人对很多项目非常陌生甚至一无所知。我国在冬奥会上参赛项目最多的一次，是在 2010 年温哥华冬奥会，在 7 大项 15 分项 86 小项中参加了 5 大项 10 分项 49 小项的比赛，缺席 2 大项 5 分项 37 小项，这些缺席项目在我国基本上是空白，参赛项目中也有一些仅限于专业运动，大众还站在门外。

乐之者必先好之，好之者必先知之。让大众对冬奥会和冰雪运动燃起热情的第一颗火种是乐趣，是乐在其中，而乐趣来自喜爱，喜爱则必定是对了解和明白的东西。为此，我们可以在筹办冬奥会的这几年传播普及冬奥会和冰雪运动知识，让更多人从知之到好之，再从好之进入乐之境界，这样，2022 年冬奥会就会在北京和张家口遇见很多很多兴致盎然的冰雪知音，中国的冰雪运动场也会迎来更多专业和非专业的运动者，冰雪运动在中国的热度会自然上升。出于这样的想法，中国人民大学人文奥运研究中心策划编写了两本冬奥会读本，介绍和解说一些基本知识，让读者领略冬奥会的精彩与魅力，快乐地走入其中。

《冬季奥林匹克之旅》带我们重温了自 1924 年冬奥会发端到 2014 年第 22 届冬奥会走过的 90 年历程。这是一段精彩壮观、令人神往的旅程，作者从申办历程、奥运元素、开幕式（及后来的火炬）、赛事简况、幕后故事等方面介绍了每一届冬奥会的基本情况，以及每一届冬奥会举办地向世界展示的不同冰雪主题和绝妙演绎。每一届冬奥会都如同一颗晶莹璀璨、独一无二的冰雪明珠，串起了冬奥会的成长足迹和辉煌历史，镶嵌在洁白无垠的冰山雪谷和国际奥林匹克运动的发展史上。

冬奥会的成长历历在目，经过22届赛会，奥运元素逐渐丰富，竞技项目、参赛运动员数量一路上升，项目纪录频频刷新，中国运动员参赛项目数量和成绩令人欣喜。冬奥会和夏奥会一样深刻诠释着奥林匹克的伟大、崇高和美好，又以不一样的浪漫和奇妙散发着独特的魅力。作者认真梳理的每一届冬奥会简况、娓娓道来的冬奥会小故事、妙笔描绘的冬奥会举办地迷人风光、精心挑选的一幅幅动人配图，还有“奥运百科”小知识，都饱含着新奇和感动。纵览是一部冬奥会小史，横读是一个个冬奥会专辑。如果我们把历届冬奥会的会徽、奖牌、火炬、吉祥物排在一起，把历届冰雪项目、成绩、参赛国家或地区、参赛者的变化绘成图表，那么它一定是非常好看的专题展板。哪怕你从未接触过冬奥会，这一段“旅程”也会把你吸引住，让你一下子消除陌生感，走近冬奥会，向往冬奥会。

《冬奥会项目及观赛指南》意在帮助读者了解冰雪运动项目。作者以专业水准和大众语言介绍了目前冬奥会设置的7大项15分项的基本情况和基础知识，包括运动起源、运动项目与装备、比赛设置与规则、运动精彩看点、与项目有关的冬奥故事和经典赛事等，让读者与这些项目相识相知，感受冰雪运动带来的惊艳、感动和激情。

冰雪运动大多具有悠久的历史，有些来自大众的生产生活，在长期的延续中融入了速度、技巧、规则与美，逐步成为正式的竞技项目。冰雪项目大多需要专用的运动场地和装备，有些还很复杂很讲究，它们是竞赛的必备条件。赛制和评分点，对运动员、运动过程的具体要求体现在每个项目的基本规则中，搞懂这些是看懂比赛的基础。作者以项目为线索，逐一介绍了上述基本知识，简明清晰易懂。最有意思的是关于各个项目看点的提炼。速度滑冰的疾驰与飘逸、花样滑冰的技巧与美、冬季两项动与静的转换、北欧两项难美型与记录型为一体、冰壶对技术与智慧的共用、高山滑雪的热闹和赛道美、无舵雪橇对生理极限的挑战等等，每一个项目都有独特的惊险与美妙，都会给人无法复制的享受与体验。作者为我们讲述的竞赛故事生动神奇，对项目观赛礼仪的指点具体实用，带我们认识的选手令人敬佩，关于项目规则的手绘插图也是冬奥会知识的生动传达。这本“指南”告诉我们的不只是冰雪运动知识，还有这些项目携带的奥林匹克所崇尚的无形无价之宝。

冰雪是大自然的赐予，冰雪运动与大自然有天然的亲近，驰骋飞跃在蓝天山林白雪冰霜之间，人将获得与自然同在、战胜自然和挑战身心的非凡体验。我们拥抱冬奥会，就是要在冰雪中“追求身体、意志和精神方面的整体平衡和超越”，“创造一种建立在奋斗之上的乐趣”。面对一天天走近我们的冬奥会，我们非常需要对它多一些了解，然而，无论国内国外，此前并未看到系统讲述冬奥会知识的读本，有关信息散于各处，不易寻觅。感谢这两本书以翔实的知识和深入浅出的笔调带我们走进多姿多彩、令人热血沸腾的冰雪世界，感谢两个写作团队的倾心付出和新颖创意。

助力冬奥精彩，感悟冬奥美好，此愿至诚且纯粹，是为序。

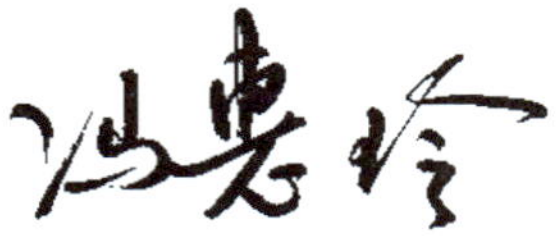

中国人民大学人文奥运研究中心主任

2017 年 8 月 22 日

导　　言

冬季奥林匹克运动会的前世今生

在人类社会发展进程中，还没有一项活动能够像奥林匹克运动会一样，可以把不同国家、不同地区、不同民族的人聚集在一起，为了共同的追求和目标而努力拼搏，并从一项体育赛事逐渐演变成了一场超越政治制度、宗教信仰、种族纷争的全世界人民集体狂欢的盛大典礼。《奥林匹克宪章》赋予奥林匹克精神的内容是“相互理解、友谊、团结和公平竞争”。作为奥林匹克格言的“更快，更高，更强”则充分表达了奥林匹克运动所倡导的不断进取、永不满足的奋斗精神。奥运会从两千多年前走到现代，其形式和内涵不断得到丰富和发展。如今，奥林匹克运动会已经远远超出体育竞技的范畴，成为全人类共有的体育、文化和文明的结晶。

奥林匹克运动会，源于古希腊，重生于19世纪末。经历了几个世纪的发展，如今的奥林匹克大家庭中，有夏季奥林匹克运动会、夏季残疾人奥林匹克运动会、冬季奥林匹克运动会、冬季残疾人奥林匹克运动会、夏季青年奥林匹克运动会、冬季青年奥林匹克运动会等成员，而冬季奥林匹克运动会的诞生则是现代奥林匹克运动会和冰雪运动发展到一定程度后相结合的产物。

古代奥运会始于两千多年前古希腊的奥林匹亚，是一项宗教与体育合二为一的活动。古希腊人民通过举办大型体育竞赛活动来祭神并表达对英雄的崇拜之情。由于有统治者大力推动，加之当时的政治、经济、文化都比较发达，古希腊兴建了许多运动场所、庙宇，参赛者遍及各个城邦，奥运会盛极一时，成为古希腊最盛大的节日，也成为显示民族精神的盛会。比赛的优胜者以戴月桂、橄榄和棕榈枝条编织的花环等方式来庆祝胜利。第一届古代奥运会于公元前776年举行，此后每四年举办一次，古代奥运会共举办过293次。

由于罗马皇帝狄奥多西信奉基督教，禁止一切关于异教的活动，古希腊奥运会在公元393年被狄奥多西废除停办。公元426年，东罗马皇帝下令烧毁了古代奥运会会场，使其变成一片废墟，后来的两次地震又将废墟长埋于地下。

古代奥运会虽然被废止，但是其崇尚和平、友谊、进步的理念却一直根植于人们心中，被一代一代传承下来。发端于14世纪的文艺复兴、宗教改革和启蒙运动，不仅大大地推动了科学、文化和艺术的发展，也为现代奥运会的诞生奠定了思想基础。从19世纪30年代起，瑞典和希腊的一些地区就开始了复兴奥林匹克运动会的尝试。19世纪70年代，在众多考古学家的不懈努力下，古代奥运会遗址得以重见天日。19世纪80年代开始，一些国际单项体育联合组织相继成立，成立国际奥委会、恢复奥林匹克运动会的时机和条件都已成熟，1889年，被世人尊称为“现代奥林匹克之父”的法国教育家皮埃尔·德·顾拜旦提出恢复举办奥林匹克运动会的设想。1892年在法国田径协会联盟五周年庆祝大会上，顾拜旦发表了著名的《复兴奥林匹克》的演说，得到了许多人的支持和响应。1894年6月在法国巴黎召开了第一届奥林匹克代表大会。会议召开一周后的6月23日，大会通过了成立国际奥林匹克委员会的决议，6月23日也就成为“国际奥林匹克日”。大会还决定在1896年召开首届现代奥运会，希腊的历史名城雅典获得了主办权。1896年4月6日至4月15日，希腊雅典举办了第一届现代奥运会，以后每四年举行一次奥运会，即使因故不能举行，届数仍然依次照算，期间第六届由于第一次世界大战的爆发未能举行，第十二、十三届则因为第二次世界大战的爆发未能举行。截至目前，已经举办过31届夏季奥运会，其中第二十九届夏季奥运会于2008年在北京举行，最近的一次则是2016年在巴西里约热内卢举办的第三十一届夏季奥运会。

19世纪末20世纪初，冰雪运动在欧美国家得到普及和发展，与冰雪运动相关的一些组织机构相继诞生。1861年挪威成立了世界上第一个滑雪俱乐部，1890年加拿大成立了世界上第一个冰球协会，1892年在荷兰成立了国际滑冰联盟，1893年在阿姆斯特丹举行了首届男子速度滑冰锦标赛，1908年在法国成立了国际冰球联合会。与此同时，一些跨国的冬季运动比赛也相继举行，1880年在美国举行了国际速度滑冰对抗赛，1883年在挪威举行了霍尔门科伦国际传统滑雪赛，同年在瑞士达沃斯举办了国际无舵雪橇赛，1885年在德国举行了国际速度滑冰冠军赛，1901年在瑞典举办了北欧运动会。

由于冰雪项目的特殊性，在最初举办的几届奥运会中并不包括这些项目。为贯彻奥林匹克运动宗旨，国际奥委会决定在适当的时候增加冰雪项目。1908年第四届伦敦奥运会因为增加了花样滑冰项目而广受观众欢迎。1911年，时任国际奥委会委员的意大利人康特·布伦内塔·迪瑟乌希首次在国际奥委会会议上提出单独举办冬季奥运会的建议，但瑞典、挪威等国的代表担心冬奥会的举办会影响之前举办的霍尔门科伦滑雪赛和北欧运动会的国际地位，以“冬季项目已经有了各自的国际赛事，再搞冬季奥运会没有必要”为理由反对。1912年7月在瑞典斯德哥尔摩举办了第五届奥运会，举办国拒绝将冰雪项目列入奥运会项目，因此本届奥运会冰雪项目继续缺席。但是，人们将冰雪项目纳入奥运会的努力并没有停止，1920年第七届安特卫普奥运会上，国际奥委会将花样滑冰和冰球列入奥运会比赛项目。花样滑冰和冰球项目的加入引起了观众极大的兴趣，但由于冰上项目对天气的特殊要求，这两个项目都必须提前在 4 月份进行，但大多数比赛和奥运会的开幕式都安排在 8 月中旬，这使得一届奥运会要延续长达四五个月的时间，在人力、物力、时间上耗费太大。鉴于此，人们倾向于把冰雪项目从奥运会中分离出来，单独进行比赛。

1924 年第八届奥运会定在法国巴黎举办，在奥运会开幕之前的 1 月 25 日，在法国的夏蒙尼市举办了当时被称为“第八届奥林匹亚德冬季体育周”的运动会，两年后国际奥委会正式将其更名为第一届冬季奥林匹克运动会。

冬季奥运会最初规定每四年举行一次，与夏季奥运会在同年和同一国家举行。从 1928 年的第二届冬奥会开始，冬季奥运会与夏季奥运会的举办地点改在不同的国家举行，但也出现过冬奥会与夏奥会在同一国家举行的情况，如 1932 年美国普莱西德湖冬奥会和洛杉矶夏奥会、1936 年德国加米施－帕滕基兴冬奥会和柏林夏奥会。1986 年，国际奥委会全会决定从 1994 年起将冬季奥运会和夏季奥运会分开，每两年间隔举行。为将冬奥会与夏奥会时间错开，1992 年冬奥会与 1994 年冬奥会仅相隔两年，1992 年法国阿尔贝维尔冬季奥运会是最后一届与夏季奥运会同年举行的冬奥会。

与夏季奥运会届数的计算方式不同，冬季奥运会是按照实际举办次数计算的，自 1924 年开始到现在为止共举办了 22 届冬奥会，最近的一次是 2014 年在俄罗斯索契举办的第二十二届冬奥会。第二十三届冬奥会将于 2018 年 2 月 9 日至 25 日在韩国平昌郡举行，第二十四届冬奥会将于 2022 年 2 月 4 日至 20 日在中国北京（冰上项目）和张家口（雪上项目）举行，北京也将成为全世界第一个既举办过夏季奥运会，又举办过冬季奥运会的城市。

各届冬奥会

届数	赛事名称	举办地点		举办时间
第一届	1924 年夏蒙尼冬奥会	法国	夏蒙尼	1924 年 1 月 25 日—2 月 5 日
第二届	1928 年圣莫里茨冬奥会	瑞士	圣莫里茨	1928 年 2 月 11 日—2 月 19 日
第三届	1932 年普莱西德湖冬奥会	美国	普莱西德湖	1932 年 2 月 4 日—2 月 13 日
第四届	1936 年加米施 – 帕滕基兴冬奥会	德国	加米施 – 帕滕基兴	1936 年 2 月 6 日—2 月 16 日
第五届	1948 年圣莫里茨冬奥会	瑞士	圣莫里茨	1948 年 1 月 30 日—2 月 8 日
第六届	1952 年奥斯陆冬奥会	挪威	奥斯陆	1952 年 2 月 14 日—2 月 25 日
第七届	1956 年科蒂纳丹佩佐冬奥会	意大利	科蒂纳丹佩佐	1956 年 1 月 26 日—2 月 5 日
第八届	1960 年斯阔谷冬奥会	美国	斯阔谷	1960 年 2 月 18 日—2 月 28 日
第九届	1964 年因斯布鲁克冬奥会	奥地利	因斯布鲁克	1964 年 1 月 29 日—2 月 9 日
第十届	1968 年格勒诺布尔冬奥会	法国	格勒诺布尔	1968 年 2 月 6 日—2 月 18 日
第十一届	1972 年札幌冬奥会	日本	札幌	1972 年 2 月 3 日—2 月 13 日
第十二届	1976 年因斯布鲁克冬奥会	奥地利	因斯布鲁克	1976 年 2 月 4 日—2 月 15 日

续表

届数	赛事名称	举办地点		举办时间
第十三届	1980年普莱西德湖冬奥会	美国	普莱西德湖	1980年2月13日—2月24日
第十四届	1984年萨拉热窝冬奥会	南斯拉夫	萨拉热窝	1984年2月8日—2月19日
第十五届	1988年卡尔加里冬奥会	加拿大	卡尔加里	1988年2月13日—2月28日
第十六届	1992年阿尔贝维尔冬奥会	法国	阿尔贝维尔	1992年2月8日—2月23日
第十七届	1994年利勒哈默尔冬奥会	挪威	利勒哈默尔	1994年2月12日—2月27日
第十八届	1998年长野冬奥会	日本	长野	1998年2月7日—2月22日
第十九届	2002年盐湖城冬奥会	美国	盐湖城	2002年2月8日—2月24日
第二十届	2006年都灵冬奥会	意大利	都灵	2006年2月10日—2月26日
第二十一届	2010年温哥华冬奥会	加拿大	温哥华	2010年2月12日—2月28日
第二十二届	2014年索契冬奥会	俄罗斯	索契	2014年2月7日—2月23日
第二十三届	2018年平昌冬奥会	韩国	平昌	2018年2月9日—2月25日
第二十四届	2022年北京－张家口冬奥会	中国	北京 张家口	2022年2月4日—2月20日

目　　录

第一届

1924 年夏蒙尼冬奥会

开幕时间：1924 年 1 月 25 日
闭幕时间：1924 年 2 月 5 日
举 办 地：法国夏蒙尼

一

申办历程

历史上首届冬奥会的由来并非一帆风顺。虽然一直以来单独举办冬奥会是许多人的愿望，但由于瑞典、挪威等冰雪运动发达国家的抵制，这一愿望一直没有成为现实。1908 年伦敦奥运会因增加了花样滑冰项目而大受欢迎，1920 年的安特卫普奥运会因将花样滑冰和冰球列入比赛项目而广受好评。因此 1924 年第八届奥运会的东道主法国提出了单独举办冬季运动会的设想，并得到了国际冰球联合会、国际滑雪委员会（国际滑雪联合会的前身）以及一些国际奥委会委员的支持。1921 年在洛桑举行的第七届国际奥委会全会，讨论并通过了法国的提案，但由于对比赛可能产生的影响没有把握，会议决定在 1924 年巴黎奥运会前举行冰雪运动项目比赛，并避开了“奥运会”的字眼，而是以“奥林匹亚德冬季体育周”的名义开展，举办地定在法国夏蒙尼。

于是，作为冬奥会的开端，夏蒙尼冬奥会在 1924 年举办时被命名为“第八届奥林匹亚德冬季体育周”，直到两年后的 1926 年，国际奥委会才正式为它正名，确认其为第一届冬奥会。

二

奥运元素

• 官方海报

海报前景的老鹰抓着桂冠和橄榄枝，下方为 5 人雪车运动；背景为雪山景色。

• 奖牌

奖牌的正面是一位张开双臂的冬奥会运动员，他的右手举着一双冰鞋，左手握着一副滑雪板。奖牌的背景是阿尔卑斯山的勃朗峰。奖牌的背面刻有 14 行铭文，内容为“夏蒙尼勃朗峰冬季运动会，1924 年 1 月 25 日至 2 月 5 日，由法国奥林匹克委员会在国际奥林匹克委员会的赞助下举办，庆祝第八届奥林匹克运动会”。和巴黎奥运会的奖牌一样，夏蒙尼奖牌的设计方案也是通过招标获得的，雕刻师拉乌尔·贝纳德的设计最终被选中。奖牌由巴黎造币厂制作，共计 2 000 枚。

三

开幕式

“第八届奥林匹亚德冬季体育周”于 1924 年 1 月 25 日在法国夏蒙尼奥林匹克体育场开幕。开幕式由法国体育部长加斯顿·维达尔主持，法国滑雪运动员卡米耶·曼德里翁代表运动员宣誓，同时其他各国代表队各有一名运动员代表复诵宣誓。

四

赛事简况

项　目：4 大项 7 分项 14 小项[①]
运动员：258 名

• 运动员及参赛国家或地区情况

本届冬奥会实际上是一次欧美国家的冰雪赛。报名参赛的共有来自挪威、芬兰、瑞典、瑞士、奥地利、美国、加拿大、法国、英国、意大利、比利时、捷克斯洛伐克、拉脱维亚、匈牙利、南斯拉夫、波兰等 16 个国家的 258 名运动员，其中女子运动员 11 人，男子运动员 247 人。

• 项目介绍

本届冬奥会共设有越野滑雪、跳台滑雪、北欧两项、速度滑冰、花样滑冰、冰球和有舵雪橇等 4 大项 7 分项 14 小项比赛项目，同时

① 本书中冬奥会比赛项目数量因不包含表演赛，因此与 IOC（国际奥林匹克委员会）官网数据有时不完全一致。

还设有军事滑雪射击以及冰上溜石①两个表演项目。

• 成绩之最

在速度滑冰项目中，美国队拔得头筹，在 500 米速滑中取胜，摘得本届冬奥会的首枚金牌。芬兰队是速滑项目的最大赢家，他们包揽了 1 500 米、5 000 米、10 000 米和全能的全部金牌，其中速滑名将克拉斯・顿贝格一人独得了 1 500 米、5 000 米和全能的 3 枚金牌以及 10 000 米的银牌、500 米的铜牌，他也是本届冬奥会成绩最出色的运动员。

在花样滑冰项目上，奥地利是公认的强国，在本届冬奥会中获得了女子单人滑和女子双人滑项目的金牌。而瑞典则在男子单人滑项目中击败奥地利，获得 1 枚宝贵的金牌。

在滑雪项目上，挪威占有明显的优势，他们在本届冬奥会上夺得了全部 4 个项目（18 公里、50 公里、跳台滑雪和北欧两项）12 枚奖牌中的 11 枚，仅仅在 18 公里赛中被芬兰队夺去了 1 枚铜牌。而

① 冰上溜石，又称冰壶、掷冰壶，是以队为单位在冰上进行的一种投掷性竞赛项目，参赛队的人数要求为每队 4 人。

在挪威队中，托雷夫·豪格成绩尤为突出，他一人夺得了 4 枚金牌中的 3 枚，同时还获得了 1 枚跳台滑雪铜牌。但时隔半个世纪后，国际奥委会发现当时豪格的跳台滑雪成绩计算错误，铜牌改由美国运动员安德斯·豪根获得。

雪车赛场，则被欧洲国家牢牢把控着，部分实力强的国家甚至派出两支队伍参赛。在仅有的一项男子 4 人座比赛中，欧洲国家包揽了前六名。最终，瑞士一队获得了雪车比赛的冠军，英国二队获得亚军，比利时一队获得第三名。

在冰球项目上，当时欧洲国家和美洲国家的实力差距较为悬殊，加拿大和美国有着明显优势，两队在预赛中均以大比分战胜对手，会师决赛。最终，加拿大队以 6 ∶ 1 战胜了美国队，获得金牌，美国队夺得亚军，英国队位列第三。

• 金牌榜①

名次	国家或地区	金牌	银牌	铜牌	总计
1	挪威	4	7	6	17
2	芬兰	4	3	3	10
3	奥地利	2	1	0	3
4	美国	1	2	1	4
5	瑞士	1	0	1	2
6	瑞典	1	0	0	1
6	加拿大	1	0	0	1
8	英国	0	1	2	3
9	法国	0	0	1	1
9	比利时	0	0	1	1

① 金牌榜仅展示当届比赛前十名，中国队参赛后若不在前十名内，金牌榜将独立列出其获奖牌情况。本届冬奥会金牌榜不包括表演项目。

五

幕后故事

• 奥运正名

第一届冬季奥运会在召开期间的正式名称是：第八届奥林匹亚德冬季体育周。1926 年，在里斯本举行的第 25 次国际奥林匹克委员会全体会议上，法国夏蒙尼运动会被正式确定为第一届冬季奥运会。

Chamonix 1924-Le serment olympique prêté par l'adjudant MANDRILLON porteur du drapeau FR et les autres port

• 迟到的颁奖仪式

夏蒙尼冬奥会的颁奖仪式定在闭幕式上顾拜旦演讲之前举行，使得一些已经离开的运动员无法领奖，而改由获奖运动员的队友代为领奖。

• 首位冬奥冠军

美国运动员查尔斯·朱特劳在法国夏蒙尼冬奥会上的男子 500 米速度滑冰比赛中夺冠。该项目是夏蒙尼冬奥会决出的第一个项目，他也因此成为冬季奥运会历史上的首金得主。

• 五十年的等待

在本届冬奥会的跳台滑雪比赛中，挪威队的托雷夫·豪格的分数被工作人员误算成了 18 分，当时超过了美国运动员安德斯·豪根的 17.917 分，获得铜牌。但国际奥委会于 1974 年发现豪格的正确分数应是 17.813，低于安德斯·豪根的分数，这枚铜牌应属于美国人。于是 1974 年 9 月 12 日，在挪威首都奥斯陆举行的一次特别仪式上，豪格的女儿郑重地将这枚铜牌交还给豪根，时年 83 岁的豪根终于得到了这枚等待了五十年之久的奥运奖牌。

• 传奇人物

挪威的托雷夫·豪格在本届冬奥会中获得了三枚金牌的优异成绩，称霸滑雪赛场。实际上，他从 1918 年至 1923 年，在世界性的霍尔门科伦滑雪大赛中，在 40 公里、50 公里和两项全能赛中 7 次获取冠军。夏蒙尼奥运会之后，豪格又在霍尔门科伦滑雪大赛中夺得了 50 公里冠军。为了纪念这位被誉为“滑雪之王”的选手，挪威后来在他的家乡树立了纪念碑。

在速度滑冰比赛中，芬兰运动员克拉斯·顿贝格，在获得 500 米比赛的铜牌之后，又以 8 分 39 秒和 2 分 20 秒 8 的成绩赢得 5 000 米和 1 500 米金牌。在 10 000 米比赛中，他以 3 秒之差输给了同伴，获得银牌。最终，他以两项第一名、一项第二名和一项第三名的成绩在速度滑冰项目中累积积分第一，获得全能冠军称号。

• 举办地

夏蒙尼是法国一个不大的城镇，由 16 个村庄组成，是法国著名疗养地和冬季运动中心，也是当时欧洲的跳雪运动点。夏蒙尼被风景优美的阿尔卑斯山脉所环绕，地理条件与喜马拉雅山极为相似：裂缝很深的冰川从冰雪覆盖的勃朗峰山顶一直铺到相距 4.8 公里的谷底。由于当地的特殊地理环境，夏蒙尼成为众多雪上运动爱好者的天堂。

如今夏蒙尼拥有欧洲最高、最好的缆车，能从山脚直达海拔 3 842 米的南针峰，游人可在最近的距离感受阿尔卑斯山壮丽的景色。

除了滑雪和登山，这里还有更刺激的直升机游览和空中跳伞活动。

• 奥运百科

现代奥林匹克之父

皮埃尔·德·顾拜旦（Pierre de Coubertin，1863—1937），是法国著名教育家、国际体育活动家、历史学家、现代奥林匹克运动的发起人。1863 年 1 月 1 日出生于法国巴黎的一个贵族家庭，从小喜爱体育运动，对历史文化兴趣浓厚，中学毕业后先后就读军事、教育专业，提倡通过教育改革增强民众体质，继而振兴国家。1892 年 11 月 25 日，在法国发表了《复兴奥林匹克》的演说，1912 年在斯德哥尔摩奥运会期间，发表了名作《体育颂》，1913 年为国际奥委会设计了会旗。1896 年至 1925 年，担任国际奥林匹克委员会主席。1925 年因年事已高请辞，后被聘任为国际奥委会终身名誉主席，1937 年 9 月 2 日逝世，遗体安葬在国际奥委会总部——瑞士洛桑，心脏则安葬在奥林匹克发源地——奥林匹亚。由于对现代奥林匹克运动的复兴及发展做出了突出的贡献，创造了不朽的功绩，他被人们尊称为“现代奥林匹克之父”。

第二届

1928 年圣莫里茨冬奥会

开幕时间：1928 年 2 月 11 日

闭幕时间：1928 年 2 月 19 日

举 办 地：瑞士圣莫里茨

一

申办历程

由于夏蒙尼“第八届奥林匹亚德冬季体育周”的巨大成功以及冬奥会正式创办带来的国际影响力，有越来越多的地方加入申办冬奥会的队伍中来，但这些地方多集中于欧洲。在本届冬奥会的申办过程中，向国际奥委会提出申办意愿的是来自瑞士的达沃斯、恩格尔贝格和圣莫里茨。最终，国际奥委会经过投票决定圣莫里茨成为第二届冬奥会的主办地。

二

奥运元素

• 推广海报

海报上分别用德语、法语和英语印着“圣莫里茨冬季奥林匹克运动会，1928 年 2 月 11 日至 19 日”字样。海报主形象为两名行进中的越野滑雪运动员，背景为紫色渲染的雪景。

• 奖牌

奖牌的正面是一个张开双臂的滑冰运动员，在其周围有片片雪花慢慢飘落，背面最上边是奥运五环的造型，下边是铭文“圣莫里

茨冬奥会 1928”，在铭文的两边分别装饰着橄榄枝。

三

开幕式

本届冬奥会于 1928 年 2 月 11 日正式开幕。瑞士联邦总统埃德蒙德·舒尔希斯宣布冬奥会开幕，瑞士滑雪运动员汉斯·埃登本茨代表运动员宣誓。

四

赛事简况

项　目：4 大项 8 分项 14 小项

运动员：464 名

• 运动员及参赛国家或地区情况

参加本届冬奥会的共有来自 25 个国家的 464 名运动员，其中女子运动员 26 人，男子运动员 438 人，运动员人数较上届相比增加了近一倍。德国、荷兰、罗马尼亚、立陶宛、卢森堡、墨西哥、日本、阿根廷和爱沙尼亚等国首次参赛。

• 项目介绍

在本届冬奥会中，有越野滑雪、跳台滑雪、北欧两项、有舵雪橇、俯式冰撬、速度滑冰、花样滑冰和冰球共 4 大项 8 分项 14 小项比赛项目。其中稍有变化的项目是有舵雪橇，由上届的 4 人座改为 5 人座，另外增加了一项单人操作的冰橇赛，表演项目只有军事滑雪射击 1 项。

• 成绩之最

在速滑项目中，天气成了左右比赛胜负的最大因素。圣莫里茨忽高忽低的气温，极大地影响了雪场的质量，因而本届冬奥会只举行了 500 米、1 500 米和 5 000 米 3 个速滑项目的比赛。500 米赛时，碰上了大风雪，芬兰名将、上届冬奥会 3 枚金牌获得者克拉斯·顿贝格和挪威名将贝·埃文森以 43 秒 4 的成绩同时到达终点，成为并列冠军。在 1 500 米比赛中，芬兰的顿贝格夺得了本届比赛的第 2 枚金牌。

Saint-Moritz 1928-Saut à skis-Petit tremplin-FELIZ Ernst (SUI) 6e.

在花样滑冰赛场上，上届冬奥会最大的赢家奥地利遭遇滑铁卢，在金牌争夺战中全军覆没。在最有把握的男子单人滑比赛中，威·伯克尔虽然在规定滑中动作舒展自如，成绩明显领先，可是自由滑时出现失误，最终输给了来自瑞典的格拉夫斯特罗姆，只获得了银牌。在女子单人滑和男女双人滑中，奥地利同样丢掉了冠军宝座，只得了 2 枚银牌和 1 枚铜牌。而在女子单人滑中夺冠的是来自挪威的 15 岁运动员索尼娅·海妮，她也成为当时冬奥会历史上年纪最小的冠军，并将这一纪录整整保持了 74 年。

在 50 公里越野滑雪赛中，天气再次影响了比赛，由于当日气温在零度以上，冰雪融化，给滑行带来了很大困难，也使得比赛结果与人们的赛前预测大相径庭。赛前不被看好的瑞典队囊括了前三名，佩尔·埃里克·赫德伦德获得冠军，不过他的成绩比上届冠军慢了 1 个多小时。

在冰球赛场上，传统强队加拿大以 11∶0，13∶0，14∶0 的比分分别战胜瑞典、瑞士和英国，用三连胜的傲人战绩蝉联该项目的冠军，瑞典和瑞士分获二、三名。

• 金牌榜

名次	国家或地区	金牌	银牌	铜牌	总计
1	挪威	6	4	5	15
2	美国	2	2	2	6

续表

名次	国家或地区	金牌	银牌	铜牌	总计
3	瑞典	2	2	1	5
4	芬兰	2	1	1	4
5	法国	1	0	0	1
5	加拿大	1	0	0	1
7	奥地利	0	3	1	4
8	比利时	0	0	1	1
8	瑞士	0	0	1	1
8	英国	0	0	1	1
8	捷克斯洛伐克	0	0	1	1
8	德国	0	0	1	1

五

幕后故事

• 新增项目

在这届奥运会上，俯式冰橇①第一次成为冬季奥运会的比赛项目。

• 亚洲的加入

在本届冬奥会中，日本运动员报名参加了越野滑雪、跳台滑雪

① 俯式冰橇，又称钢架雪车、卧式雪橇，是选手俯卧在雪车上，头朝前、脚在后在雪车赛道上滑行的一种项目，是在传统的雪车的基础上延伸出来的运动项目。

和北欧两项的比赛，这是冬奥会历史上首次出现亚洲运动员的身影。

• 比赛取消

在本届冬奥会速滑比赛中，由于天气转暖，冰雪融化，男子 10 000 米速滑比赛被迫中断。裁判根据已赛完的成绩判定了金银铜牌的获得者，但这样的评判方式遭到众多参赛国的反对，同时各国又不同意重赛，最终，经过长时间商讨，组委会决定取消该比赛项目。

• 最年轻的冬奥会冠军

来自挪威的女子花样滑冰运动员索尼娅·海妮以 15 岁的年龄夺得这届冬奥会的花样滑冰女子单人滑金牌，成为当时最年轻的冬季奥运会个人项目金牌获得者，并将这一纪录保持了 74 年。这位才华出众的冰坛小姑娘在 11 岁时就在夏蒙尼奥运会获得女子单人滑的第 8 名。她还在后来的 1932 年、1936 年奥运会蝉联了该项目的冠军，同时还在 1927 年至 1936 年世界锦标赛中 10 次夺得桂冠，是花样滑冰历史上最出色的女子单人滑运动员。

• 举办地

圣莫里茨位于瑞士东南部的格劳宾登州，库尔东南、因河河谷上游，被山清水秀的恩嘎丁山谷环抱，四周是壮丽的阿尔卑斯山峰，有冰川水补给莱茵河、波河和多瑙河。官方语言为德语、意大利语和罗曼什语。圣莫里茨交通便利，有著名的雷蒂亚铁路通过，同时也是重要的国际航空站。

圣莫里茨是冬季旅游的胜地，也是世界最著名的冬季运动天堂，建有大型越野滑雪、跳台滑雪、高山滑雪场地以及可容纳 3 000 名观众的室内滑冰馆，这里举办过两届冬季奥运会和四次 FIS（国际滑雪联合会）高山滑雪世锦赛。著名的冰湖赛马发源于此，这里每年冬季还会举办雪地马球世界杯等各项顶级赛事。

• 奥运百科

奥林匹克格言

奥林匹克格言（Olympic Motto），又称奥林匹克口号或奥林匹克座右铭，是奥林匹克运动宗旨之一。其内容是：“更快，更高，更强”（英文为“Faster，Higher，Stronger”，拉丁文为“Citius，Altius，Fortius”）。

“更快，更高，更强”这一格言是亨利·迪东提出的。迪东是顾拜旦的好友。1891 年他在巴黎创办了一所体育学校。1895 年他把上述格言作为该校的校训。顾拜旦对该格言非常赞赏，格言也得到当时国际奥委会委员们的称道。以后经顾拜旦提议，并在 1913 年得到国际奥委会的正式批准，上述格言被正式写入《奥林匹克宪章》。1920 年在第六次国际奥林匹克代表大会上又通过了把“更快，更高，更强”作为国际奥林匹克委员会会徽构成部分的决定，这一格言便正式成为奥林匹克标志的一部分。

第三届

1932 年普莱西德湖冬奥会

开幕时间：1932 年 2 月 4 日
闭幕时间：1932 年 2 月 13 日
举 办 地：美国普莱西德湖

一

申办历程

前两届冬奥会的成功举办使得冬奥会的影响力和吸引力大大增加，同时也吸引了越来越多的国家或地区加入申办队伍中来。在本届冬奥会举办之前，美国的普莱西德湖、贝尔山、丹佛、德卢斯、塔霍湖、明尼阿波利斯和约塞米蒂谷以及加拿大的蒙特利尔向国际奥委会提交了申办申请。最终，国际奥委会讨论确定将美国的普莱西德湖作为第三届冬奥会的举办地。

二

奥运元素

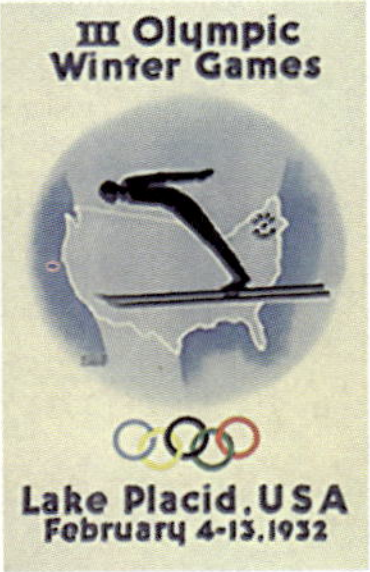

• 会徽

本届冬奥会会徽的正中央是一个正在跳跃的跳台滑雪运动员的形象，背景为美国普莱西德湖的地图。

• 推广海报

海报上印有“第三届冬季奥林匹克运动会，普莱西德湖，纽约，1932 年 2 月 4 日至 13 日”字样。海报主形象展现了 4 人雪车竞赛画面以及四幅绘画作品，分别为跳台滑雪、速度滑冰、花样滑冰以及高山滑雪。

- **奖牌**

奖牌正面的上半部分为一个立于云端的具有翅膀的女神，她的右手捧着一个月桂冠；背景为阿迪朗达克山，以及位于山脚下的冬奥会的场馆、跳台滑雪场和普莱西德湖的景色。奖牌的曲线形状代表着古代奥运会场上柱子的脊的形状。奖牌背面的上半部分是奥运五环，底部是月桂枝，中间是一段铭文“第三届奥林匹克冬季运动会，普莱西德湖 1932”。

三

开幕式

在本届冬奥会的开幕式上，时任美国纽约州州长，后来在 1933 年当选美国总统的富兰克林·罗斯福偕同夫人出席并主持了开幕式。他在开幕式上发表了热情洋溢的讲话，并强调了体育运动在促进人类相互了解的进程中所发挥的重要作用。他的讲话也通过无线电传向了世界各地。美国著名速度滑冰运动员约翰・谢伊作为运动员代表宣读了运动员誓词。

四

赛事简况

项　目：4 大项 7 分项 14 小项

运动员：252 名

• 运动员及参赛国家或地区情况

报名参加本届冬奥会的共有来自 17 个国家的 252 名运动员，其中女子运动员21人，男子运动员231人。其实本届冬奥会在举办前，东道主共向56个国家发出了参赛邀请，但由于交通不便且受到全球金融危机的影响，欧洲的一些冰雪运动发达国家没有参加或只派了少数运动员参加，参赛国家从上届的25个减少至17个。因此，无论是参加国家还是参赛运动员的数量都要比上届少很多。

• 项目介绍

本届冬奥会的比赛项目总数为4大项7分项14小项，在项目设置上与上届相比变化较小，只把有舵雪橇5人座改回了4人座，同时增加了一项双人座雪车赛，此外还取消了上届的俯式冰橇赛。表演项目为女子速度滑冰和冰上溜石。

• 成绩之最

在本届冬奥会的花样滑冰男子单人滑项目中，35岁的瑞典老将格拉夫斯特罗姆在规定滑中输给了奥地利23岁的年轻选手卡尔·舍费尔，屈居亚军。女子单人滑比赛，实力出众的挪威选手索尼娅·海妮用她优美的舞姿征服了在场所有的裁判和观众，7个裁判都给了她最高分，观众的喝彩声此起彼伏。在花样滑冰女子单人赛中，参赛的英国选手塞西莉娅·科莱奇年仅11岁，成为本届冬奥会中年龄最小的运动员。而在双人赛中，美国选手约瑟夫·萨维奇已经53岁，是参赛选手中年龄最大的。

天气对于本届冬奥会来讲可谓是影响至深。气温忽高忽低：在

18 公里越野滑雪比赛中，气温突然升高，使得赛道冰雪迅速融化，赛道坑坑洼洼，比赛难度激增，不少运动员摔得鼻青脸肿。最终，瑞典的斯文·乌特尔斯特罗姆获得了冠军。而在 50 公里滑雪项目中，天气转暖，不断下雨，致使原先安排的滑雪路线无法使用，赛期也一拖再拖，最终不得不临时找了一块大的林间地带于 2 月 14 日进行了这项比赛。最终，芬兰人维里·萨里宁夺得了桂冠。天气同样影响了雪车比赛，双人座和 4 人座雪车赛延至闭幕（2 月 13 日）后的 2 月 14 日才举行，最终美国队囊括了这两个项目的金牌。而本次在 4 人座雪车赛中夺冠的美国选手埃迪·伊根成为至今为止唯一在冬、夏季奥运会上均获金牌的选手。

冰球比赛仅有 4 支队伍参加，比赛为双循环制，在普莱西德湖中心的室内滑冰馆进行。美国、加拿大都较为轻松地战胜了各自对手晋级决赛。在决赛时，美、加交锋激烈，战至加时赛，最终加拿大连续第三次拿下了冠军。本场比赛中，仅有 3 000 个座位的赛场一下子涌进了 7 000 名观众。

• 金牌榜

名次	国家或地区	金牌	银牌	铜牌	总计
1	美国	6	4	2	12
2	挪威	3	4	3	10
3	瑞典	1	2	0	3
4	加拿大	1	1	5	7
5	芬兰	1	1	1	3
6	奥地利	1	1	0	2
7	法国	1	0	0	1

续表

名次	国家或地区	金牌	银牌	铜牌	总计
8	瑞士	0	1	0	1
9	德国	0	0	2	2
10	匈牙利	0	0	1	1

五

幕后故事

• 私人捐献

本届奥运会在筹办和举办时恰逢世界经济大萧条，其筹备工作也遇到严重经济困难，场地建设资金非常紧张。为使冬奥会顺利举办，组委会主席戈弗雷·杜威捐献了自己家族的一块地，作为雪车赛道的建设用地。

• 女性旗手

英国代表团在本届奥运会的开幕式上由一名女子运动员担任旗手，成为奥运会历史上第一个由女性运动员担任旗手的代表团。

• 规则风波

本届冬奥会除了深受经济大萧条的影响外，还出现了一场“规则风波”。速度滑冰项目采用了北美规则“大组出发”，即按项目将参加比赛的人数分为若干组，每组 4～9 人，同时出发。这与传统的比赛规则即运动员两人一组独立起跑的比赛方式非常不同，导致欧洲运动员极不适应而几乎全面失守，尽管在比赛期间欧洲运动员提出抗议希望修改比赛规则，但竞赛委员会仍然没有改变竞赛规则。本届速滑比赛取消了全能项目，只保留了 500 米、1 500 米、5 000 米、10 000 米 4 项。最终，美国选手瓜分了这 4 项比赛的金牌，欧洲只有两名挪威选手各得了 1 枚银牌。

• 室内冰球场

在本届冬奥会中，东道主将冰球比赛移至室内进行，大大减少了寒冷对于比赛选手的影响，这也是冬奥会史上首次在室内举行冰球比赛。

• 举办地

普莱西德湖的名字意为平静的湖，位于美国纽约州艾塞克斯县，这个村庄因附近的普莱西德湖而得名，是阿迪朗达克山脉中地势偏僻、人烟稀少的一个小村庄。境内山峦起伏，景色秀丽，严冬季节气候寒冷、干燥，但却是从事冬季运动十分理想的场所，是顶尖的冬季运动举办地。在这里，游客可以尝试滑大雪橇、滑雪、冰攀岩、速度滑冰甚至跳台滑雪。除了户外活动，美丽的阿迪朗达克州立公园也为普莱西德湖景区带来了大量的游客。

• 奥运百科

奥林匹克运动的宗旨

《奥林匹克宪章》指出，奥林匹克运动的宗旨是：通过没有任何歧视、具有奥林匹克精神——以友谊、团结和公平竞争的精神相互理解——的体育活动来教育青年，从而为建立一个和平的更美好的世界做出贡献。

第四届

1936年加米施－帕滕基兴冬奥会

开幕时间：1936年2月6日

闭幕时间：1936年2月16日

举 办 地：德国加米施－帕滕基兴

一

申办历程

1931 年巴塞罗那国际奥委会会议上，德国柏林被确定为第十一届夏季奥运会的主办地。在获得奥运会举办权后，德国奥委会宣称依据国际奥委会规则，他们有权举办同年的冬奥会，并确定德国南部的边陲小镇加米施－帕滕基兴为冬奥会举办地，国际奥委会接受了德国奥委会的这项提议。这是奥运会史上第三次也是最后一次冬、夏季奥运会在同一个国家举行。

二

奥运元素

• 会徽

前景是奥运五环，后景是坐落在举办地加米施 – 帕滕基兴的阿尔卑斯山脉的山峰和赛道，周围一圈铭文是德语“第四届加米施 – 帕滕基兴冬奥会 1936”。

• 官方海报

海报呈现的是一位向奥林匹克致敬的滑雪者形象。

• 奖牌

奖牌正面上半部分，是一架行驶在凯旋门上的古代三驾马车，胜利女神手持月桂桂冠站在马车上；奖牌下半部分是冬奥会所使用的运动器材，并有举办地地名“加米施 – 帕滕基兴”。奖牌背面的设计较为简单，中间部分是奥运五环，周围刻有德文“冬季奥林匹克运动会 1936”。

三

开幕式

开幕式在加米施－帕滕基兴山脚下的体育场举行，第二次世界大战的发动者、时任德国总理的阿道夫·希特勒宣布本届冬奥会开幕，德国滑雪运动员维尔赫姆·博格纳代表运动员宣誓。同时，本届冬奥会中，奥运会赛场首次树起了运动场主火炬。这种做法此后被历届奥运会所沿用。

四

赛事简况

项　目：4 大项 8 分项 17 小项

运动员：646 名

• 运动员及参赛国家或地区情况

本届冬奥会共有 28 个国家的 646 名运动员参赛，其中女子 80 人，男子 566 人。

由于本届冬奥会举办时希特勒法西斯已经统治了德国，许多国家及运动员开始抵制本届冬奥会，虽然希特勒政府做出了很多努力确保了冬奥会的正常举办，但仍有一些知名运动员拒绝参加本届冬奥会，例如法国花样滑冰奥运会冠军布律内夫妇、美国奥运会速滑冠军约翰·谢伊。

• 项目介绍

本届冬奥会设置了越野滑雪、跳台滑雪、高山滑雪、北欧两项、有舵雪橇、速度滑冰、花样滑冰和冰球共 4 大项 8 分项 17 小项的比赛项目，其中高山滑雪男子全能和女子全能被首次列入冬奥会的正式比赛项目，此外还增加了男子 4×10 公里越野滑雪接力项目。

• 成绩之最

在本届冬奥会的速滑比赛中，挪威队囊括了全部金牌，知名运动员伊瓦尔·巴兰格鲁德一人独得 500 米、5 000 米、10 000 米 3 块金牌，他的队友查尔斯·马蒂森获 1 500 米金牌。1932 年美国普莱西德湖冬奥会结束后，欧洲各国对在美国进行的速度滑冰改变竞赛规则的做法纷纷提出了反对意见，国际滑冰联盟决定采纳挪威提出的建议，在本届冬奥会恢复了原来使用的 2 人一组独立起跑的做法。

在花样滑冰比赛中，男女单人滑金牌得主均为上届该项目的冠军：奥地利的舍费尔较轻松地蝉联冠军，挪威名将索尼娅·海妮第四次参赛并第三次夺金。在男女双人滑比赛中，法国的布律内夫妇拒绝参赛，德国运动员玛克西·赫贝尔与男子单人滑银牌得主恩斯特·拜尔合作，夺得金牌。

在越野滑雪比赛中，50 公里赛的前四名被以埃·维克隆德为首的瑞典选手包下，18 公里赛中的冠军被瑞典的埃·拉尔松夺得。首次出现在冬奥会赛场的 4×10 公里越野滑雪接力赛，芬兰选手奋力拼搏，以 6 秒的微弱优势赢得了冠军。

在新增加的高山滑雪比赛中，男女全能的金银牌均被德国选手获得，弗·普夫尼尔和克·克兰兹分获男女冠军；在跳台滑雪比赛中，挪威选手伯格·鲁德蝉联冠军，他后来在第二次世界大战时被德国法西斯投入集中营；在北欧两项比赛中，挪威队包揽了前 3 名，奥·哈根获得了金牌。

在有舵雪橇比赛中，美国队未能再次垄断金牌，只取得了男子双人座的冠军。4 人座的金、银牌被瑞士二队和瑞士一队夺走。

参加冰球比赛的有 15 支队伍，比赛分预赛、半决赛、决赛三个阶段，最后英国队以积分领先的优势获得了冠军，三冠王加拿大队在冬奥会上首次失利，屈居亚军，美国队获得第三名。

• 金牌榜

名次	国家或地区	金牌	银牌	铜牌	总计
1	挪威	7	5	3	15
2	德国	3	3	0	6
3	瑞典	2	2	3	7
4	芬兰	1	2	3	6
5	瑞士	1	2	0	3
6	奥地利	1	1	2	4
7	英国	1	1	1	3
8	美国	1	0	3	4
9	加拿大	0	1	0	1
10	法国	0	0	1	1
10	匈牙利	0	0	1	1

五

幕后故事

• 烟火表演

在本届冬奥会的闭幕式上，德国出人意料地安排了烟火表演，使得烟火表演第一次出现在冬奥会之中，为本届冬奥会添上了浓墨重彩的一笔。

• 冰上皇后

被誉为冰上皇后的挪威名将索尼娅·海妮，在本届冬奥会上获得了她的第 3 枚冬奥会花样滑冰金牌，她曾在 1928 年、1932 年冬奥会上夺冠。本届冬奥会前，海妮的参赛资格受到了质疑，因之前蝉联两届冠军之后，她应邀拍摄了以冰舞为题材的影片，有人认为她已成为职业运动员，没有资格参加这届奥运会，

对此挪威坚决否定，力争让她参赛。海妮不愧为冰上皇后，从 1927 年到 1936 年，她连续 10 年蝉联世界冠军，堪称传奇。奥运会后，她转战世界各地开始了冰上芭蕾巡回表演，被广泛赞誉，尤其受到美国观众的喜爱。

• 赛前争议

高山滑雪在本届奥运会上首次成为正式比赛项目，但也引起争议：国际奥委会否定了其下属的国际滑雪联合会的比赛规则，不允许滑雪教练员参加奥运会，因为国际奥委会认为他们都是职业运动员，与国际奥委会只允许业余运动员参加比赛的精神相违背。这引起了瑞士和奥地利两国滑雪运动员的不满，他们抵制了这届奥运会的高山滑雪比赛。

• 政治奥运

1936 年在德国举办的第四届冬奥会和第十一届夏奥会，从当时的物质条件和技术水平看，都达到了前所未有的水平，不可以说不成功。但是这两届奥运会由于为德国纳粹所利用，成为他们向世界展示“第三帝国是世界的绿洲，是一个正直、具有崇高目标的国家”的平台，而在奥运史上留下了极其不光彩的一笔。1931 年在确定德国为 1936 年奥运会举办国时，希特勒还未上台，1933 年 1 月希特勒上台后，认为奥运会可以为其政治服务，投入大量的人力财力物力，修建场馆，改善设施，并且组织大量记者为其摇旗呐喊。虽然开幕之前国际上换掉德国奥运会主办权的呼声一直未断，但由于希特勒的积极努力和一时的“和平”伪装，主办权并未易主。尽管希特勒竭力掩饰其纳粹本质，但在奥运会开幕式及比赛期间，仍充斥着浓重的纳粹和种族主义的氛围，与奥林匹克和平、友谊等宗旨背道而驰，使奥运蒙羞，同时也给本届奥运会打下了深深的政治烙印。三年后，希特勒发动第二次世界大战，给全世界人民带来了深重灾难。国际奥委会在时隔 18 年之后在为纪念奥林匹克运动 60 周年发表的 44 号公报中，承认当时在纳粹主义十分嚣张的德国举办奥运会是不适宜的。

• 奥运中断

在本届冬奥会闭幕后，由于第二次世界大战爆发，随后的两届冬奥会被迫取消，每 4 年举办一次的传统中断，第二次世界大战结束后，直到 1948 年才恢复了冬奥会的举办。

• 举办地

加米施－帕滕基兴位于德国巴伐利亚州罗伊萨赫河河谷，是南端靠近奥地利的一个边陲小镇，被阿尔卑斯山脉所环绕，面积为 205.66 平方千米，小镇由加米施和帕滕基兴两个老村庄合并而成，1935 年设镇。加米施－帕滕基兴还是南部民族手工艺中心，以传统的铁器、艺术木器、雕刻和酿酒闻名欧洲。为举办 1936 年冬奥会，这里修建了许多场馆和冰雪运动设施，奥运会后成为国际著名疗养地和冬季运动中心，每年有大批游客来此游览和锻炼，以中心滑雪区旅游者最多，这里有许多旅馆、疗养院，还有夏季登山设施、滑雪学校。2015 年 6 月 7 日至 8 日，七国集团峰会曾在这里召开。

• 奥运百科

《奥林匹克宪章》

《奥林匹克宪章》，亦称《奥林匹克章程》或《奥林匹克规则》，是国际奥委会制定的关于奥林匹克运动的最高形式的法律文件。第一部章程的倡议者和制订者是顾拜旦，1894年6月在巴黎国际体育会议上正式通过。主要内容是奥林匹克运动宗旨、基本原则以及举行奥运会的有关事宜。该章程曾经多次修改、补充，但顾拜旦制定的基本原则和宗旨没有改变。现行的《奥林匹克宪章》，是2017年9月在秘鲁首都利马召开的国际奥委会第131次全会通过的，2017年9月15日开始生效。

第五届

1948 年圣莫里茨冬奥会

开幕时间：1948 年 1 月 30 日
闭幕时间：1948 年 2 月 8 日
举 办 地：瑞士圣莫里茨

一

申办历程

第五届冬奥会原本应于1940年召开，会址起初选在日本的札幌，因日本发动侵华战争，日本军国主义政府强令日本奥委会放弃主办权，会址改在了瑞士的圣莫里茨。但因滑雪教练员的参赛问题瑞士奥委会与国际奥委会发生争议，瑞士也宣布放弃承办这届冬奥会。之后德国表示愿意承办这届奥运会，后因第二次世界大战爆发接下来的两届冬奥会都没有举办。第二次世界大战结束后，奥运会恢复举行，国际奥委会曾希望1948年夏季奥运会的主办国英国同时承办冬季奥运会，但遭到了英国方面的拒绝。随后瑞士圣莫里茨与美国普莱西德湖向国际奥委会递交了申办申请，最终，国际奥委会选定圣莫里茨作为第五届冬奥会的举办地。就这样，圣莫里茨自1928年以后再一次成为世界冰雪运动的焦点，它也成为第一个两次举办冬季奥运会的城市。因为冬季奥运会是按实际举办次数计算的，所以本届冬奥会为第五届。

二

奥运元素

• 会徽

会徽上方为太阳神，下面是奥运五环和第五届冬奥会及举办地、举办时间的相关信息。

• 推广海报

海报主体形象为一名向天空举着手臂的滑雪运动员，其背部的“48”象征着本届冬奥会的年份。海报上印有“圣莫里茨冬季奥林匹克运动会，1948 年 1 月 30 日至 2 月 8 日”字样。

• 奖牌

奖牌正面，刻有两片雪花，寓意冬季，在两片雪花中间刻有铭文“第五届冬奥会，圣莫里茨 1948”。

奖牌背面，以奥运五环为背景，一只手擎着点燃的火炬。左右两侧各有三片点缀性的雪花。在奖牌上半部分的边缘刻有奥林匹克格言“更快，更高，更强”。

三

开幕式

在冬奥会的开幕式上，瑞士联邦总统恩里科·塞里奥宣布本届冬奥会开幕，瑞士冰球运动员里卡多·托里亚尼作为运动员代表宣誓。

四

赛事简况

项　目：4 大项 9 分项 22 小项
运动员：669 名

• 运动员及参赛国家或地区情况

报名参加本届冬奥会的共有来自 28 个国家或地区的 669 名运动员，其中女子运动员 77 名，男子运动员 592 名。因德国和日本策划发动了第二次世界大战，被国际奥委会禁止参赛。首次参加冬奥会的国家有冰岛、丹麦、黎巴嫩、智利和韩国。

• 项目介绍

本届冬奥会的项目数量为 4 大项 9 分项 22 小项，这是冬奥会在单项比赛的项目数量上首次突破 20 项。与上届冬奥会相比，本届新增了高山滑雪男女滑降（又称快速降下）和回转，同时还恢复了俯式冰橇比赛项目。此外，冬季五项和军事巡逻被列为表演项目。

• 成绩之最

在本届冬奥会速滑比赛中，挪威队的芬·赫尔格森（500 米）、斯韦勒·法斯塔德（1 500 米）和雷达尔·利亚克勒夫（5 000 米）夺得了全部 4 个项目中的 3 枚金牌。500 米比赛竞争非常激烈，冠亚军成绩仅有 0.1 秒之差，同时有 3 人并列亚军，4 人并列第 6 名。10 000 米速滑的金牌被瑞典的阿·赛法尔特获得。

花样滑冰的男子金牌被美国选手理查德·巴顿获得，女子金牌被加拿大的巴尔巴拉·斯科特获得，结束了欧洲运动员长期垄断花滑比赛金牌的局面。双人滑比赛中，比利时运动员米歇琳娜·拉努瓦和皮埃尔·巴格涅特夺取冠军，为比利时得到了第 1 枚冬奥会金牌。

在男子越野滑雪比赛中，瑞典成为最大的赢家，接连获得了 3 枚金牌。以马·伦德斯特罗姆为首的 3 名瑞典选手，包揽了 18 公里越野滑雪赛的全部奖牌。在 4×10 公里接力赛中，瑞典队又战胜了强手芬兰、挪威队，赢得了桂冠。

高山滑雪比赛中，法国男选手亨利·奥雷耶最为突出，一人独

得 2 枚金牌（男子全能和滑降）和 1 枚铜牌（男子回转）。瑞士选手也取得了好成绩，获金牌 2 枚：埃·雷纳尔特在男子回转比赛中夺冠，赫蒂·施卢内格尔在女子滑降比赛中夺金。

冰球比赛有 9 支队伍参加，比赛紧张激烈。决赛中三冠王加拿大队碰上了强敌捷克斯洛伐克队，两队经过鏖战均无建树，打成平手，最终加拿大队因净胜球多 2 分 (64：62) 而夺冠。

• 金牌榜

名次	国家或地区	金牌	银牌	铜牌	总计
1	挪威	4	3	3	10
1	瑞典	4	3	3	10
3	瑞士	3	4	3	10
4	美国	3	4	2	9
5	法国	2	1	2	5
6	加拿大	2	0	1	3
7	奥地利	1	3	4	8
8	芬兰	1	3	2	6
9	比利时	1	1	0	2
10	意大利	1	0	0	1

五

幕后故事

• 复兴运动会

冬奥会因二战被迫中断了 12 年，经历了战争洗礼的人们对象征和平、友谊、进步的奥林匹克运动会充满了热情和期待，因而第五届冬季奥运会也被称为“复兴运动会”。而二战的策源地德国和日本被冬奥会拒之门外。

• 计时器的普及

因瑞士钟表制造业非常发达，东道主在各个赛场均安装了自动计时装置，广受好评，也为后来在竞技体育比赛中广泛使用计时器奠定了良好的基础。

• 旅馆冬奥会

因本届冬奥会筹办时间较为紧张，且为二战后第一次举办冬奥会，瑞士组委会并未兴建奥运村，所有的参赛选手都住在赛场周边的旅馆内，因此本届冬奥会也被人戏称为“旅馆冬奥会”。

• 两支美国冰球队

参加本届冬奥会冰球赛的有 9 支队伍，而美国就有 2 支队伍参赛，一支属于美国奥委会，另一支属于美国业余冰球协会，两支队伍的到来引发了一场风波。瑞士组委会认为美国业余冰球协会是国际冰球联合会成员，因此选定该队为参赛队伍。但美国奥委会主席坚持认为美国业余冰球协会是非法的，要求组委会撤销决定。经过一再协商，取得了戏剧性的结果。美国奥委会派出的队伍代表美国参加开幕式，但没有参加比赛；美国业余冰球协会的队伍参加比赛但名次被取消。

• 举办地

圣莫里茨曾经是 1928 年第二届冬奥会的举办地，因其拥有得天独厚的滑雪场而被誉为“高山滑雪的圣地”。这里既是滑雪者的圣地，也是旅游者的天堂。这里有世界上著名的五星级酒店，也有塞根蒂尼美术馆、恩嘎丁博物馆、圣莫里茨斜塔等充满历史和文化气息的地方，更有圣莫里茨湖、瑞士国家公园、迪亚沃勒扎峰等美丽的自然景观。干燥的大陆性气候造就了圣莫里茨丰富多样的四季景观，每逢气候适宜的季节，干燥的空气和闪耀的阳光交相呼应，空气会似香槟气泡般闪闪发亮，当地人称这种气候为“香槟气候”。这里既是著名的度假胜地，也是科技先锋的象征，瑞士第一盏电灯、第一部轻轨电车，格劳宾登州的第一部电话、第一家阿尔卑斯节能酒店等等也都源于圣莫里茨。如今替代性能源的普及使得这里既现代又时尚，优越的自然环境、高档的宾馆和一流的商店使得这里吸引了大批慕名而来的游客。

• 奥运百科

奥林匹克荣誉册

每届奥运会结束后，该届奥运会组委会将荣誉册送给国际奥委会，存放于奥林匹克博物馆，作为奥林匹克的史料永久保存。奥林匹克荣誉册是用来记载每届奥运会各项竞赛优胜者的名册，由各届奥运会组委会负责制作。荣誉册记载每个比赛项目的奖牌获得者 (前三名) 和奖状获得者 (第 4 名至第 8 名) 的名字。

第六届

1952 年奥斯陆冬奥会

开幕时间：1952 年 2 月 14 日

闭幕时间：1952 年 2 月 25 日

举 办 地：挪威奥斯陆

一

申办历程

第六届冬奥会的申办地有挪威的奥斯陆、美国的普莱西德湖和意大利的科蒂纳丹佩佐，国际奥委会在 1947 年 6 月 21 日举行的第四十一次全体会议中投票确定举办地。最终，奥斯陆以广泛的冰雪运动基础、民众的热情支持和市政府的高度重视赢得了评委的认可。这是冬季奥运会第一次在大城市举办，也是第一次在国家的首都举办。同时冬季奥运会也回到了现代滑雪运动的诞生地挪威。挪威成为第一个举办冬奥会的斯堪的纳维亚[①]国家。

1952 年冬季奥运会投票结果		
申办地	国家	票数
奥斯陆	挪威	17
科蒂纳丹佩佐	意大利	9
普莱西德湖	美国	1

挪威在获得冬奥会的主办权后，几乎是举国上下投入了这次运动会的筹备工作。但受天气影响，奥斯陆当年降雪量很少，不能满足冬奥会赛场特别是高山滑雪项目所需的用雪量，虽然在比赛前夕

① 斯堪的纳维亚在地理上指斯堪的纳维亚半岛，包括挪威和瑞典，文化与政治上则包含丹麦。

下了雪，但降雪量很小且雪质较差，因此挪威政府动用军队将森林深处的积雪运至赛场以缓解雪量不足的状况。

二

奥运元素

• 会徽

本届冬奥会奥组委以竞赛方式征集会徽，最后该作品从 335 个设计方案中胜出。会徽整体呈圆形，中间位置为奥运五环，其后为奥斯陆新市政厅的剪影，在会徽的外侧，镌刻着铭文“第六届冬奥会，奥斯陆 1952”。

• 电影海报

海报下方印有“第六届冬季奥林匹克运动会，奥斯陆 1952”字样。长条电影胶卷上展现了雪车运动员、跳台滑雪运动员、速滑运动员以及雪山的形象。海报同时印有艺术家的签名。

• 奖牌

奖牌的正面的主图案为奥运五环，并在其上叠加了一个火炬。奖牌以希腊语“奥林匹亚”为背景，奖牌的边缘用法语雕刻了铭文：“更快，更高，更强”和“奥林匹克运动会”。奖牌的正面是由一位希腊艺术家设计的。

奖牌的背面是由另一位艺术家设计的，用挪威语镌刻了“第六届冬奥会，奥斯陆 1952”，同时辅以三片雪花和奥斯陆市政厅的象形图案。

• 火炬

本届冬奥会的火炬为金银两色，用铜及合金钢材料制作，手柄长 22 厘米，由一个圆柱形柄和顶部的扁椭圆形碗组成，碗上刻有奥林匹克五环，以及“莫尔盖达尔—奥斯陆 1952”字样。

火炬手数量：94 名

传递总距离：大约 225 公里

传递路线：挪威境内，从莫尔盖达尔到奥斯陆

三

开幕式及火炬传递

1952 年 2 月 14 日，本届冬奥会正式开幕。在开幕式上，挪威公主拉根希尔德宣布冬奥会开幕，挪威著名跳台滑雪运动员托尔比约恩·法尔坎格作为运动员代表宣誓。

本届冬奥会在开幕式前进行了火炬传递，这是冬奥会历史上的首次火炬传递活动，火炬的火种取自挪威冰雪运动奠基人松德雷·诺德海姆生前居住过的一所石房中。圣火传递采用滑雪的形式，共有 94 人参与其中，火炬传递的路线穿过了挪威优秀冰雪运动员所在的城市和村镇。圣火于开幕式前到达冬奥会主体育场，并由挪威著名探险家、海洋学家、政治活动家弗里迪奥夫·南森的孙子埃吉尔·南森点燃了主火炬。

四

赛事简况

项　目：4 大项 8 分项 22 小项

运动员：694 名

• 运动员及参赛国家或地区情况

本届冬奥会共吸引了 30 个国家或地区的 694 名运动员参加，其中女子运动员 109 人，男子运动员 585 人。首次参加的国家有新西兰、葡萄牙。日本再次回到了奥运会赛场上，德国在战后分成了民主德国和联邦德国两个国家，联邦德国参加了本届比赛。

• 项目介绍

本届冬奥会在项目数量上与上届相比没有太大变化，仍为 22 个小项，但在项目设置上取消了俯式冰橇，首次列入了女子 10 公里越野滑雪，并将高山滑雪中的男女全能改为男女大回转项目。

• 成绩之最

在本届冬奥会速度滑冰的赛场上，挪威 29 岁的速滑名将亚马尔·安德森成为人们关注的焦点。他在本届冬奥会中一人包揽了 1 500 米、5 000 米、10 000 米 3 个项目的金牌，成为继 1924 年克拉斯·顿贝格和 1936 年伊瓦尔·巴兰格鲁德之后第三位在一次冬奥会上摘取 3 枚速滑金牌的运动员。其中在 5 000 米和 10 000 米两项中，他更是以压倒性的优势夺冠，并且创造了新的奥运会纪录。

在花样滑冰比赛中，美国男子选手理查德·巴顿成功卫冕男子花滑冠军，女子花滑的金牌得主是上届冬奥会铜牌得主，英国的吉纳特·阿特韦格，男女双人滑的金牌由联邦德国的新婚夫妇运动员里·法尔克和保罗·法尔克获得。

在滑雪项目上，挪威和芬兰成为最大赢家。主场作战的挪威捍卫了在该项目上的优势，收获了 3 枚金牌，其中哈尔盖·布伦登夺取了男子越野滑雪 18 公里的金牌，西·斯洛特维克获得了北欧两项的金牌，阿·贝格曼获得了跳台滑雪金牌。芬兰在滑雪赛场上也收获颇丰，维科·哈库利宁和埃·科莱赫迈宁分别摘取了男子越野滑雪 50 公里赛的金、银牌，4×10 公里接力赛的金牌亦被芬兰收入囊中。此外，芬兰还包揽了第一次列入比赛项目的女子 10 公里越野滑雪赛的全部 3 枚奖牌。

在高山滑雪项目中，各国的实力较为均衡，挪威、奥地利、意大利、美国均有金牌入账。其中在男子大回转项目赛中，挪威运动员斯坦·埃里克森凭借对赛场环境的熟悉，轻而易举地夺得了金牌；在回转项目赛中，奥地利运动员奥·施奈德夺冠；在男子滑降赛中，意大利老将泽·科洛夺冠。女子高山滑雪比赛中，奥地利名将楚德·约胡姆－贝瑟尔获得了滑降比赛项目的金牌，女子回转和大回转比赛的金牌均被美国小将安·米德－劳伦斯获得。

冰球赛共 9 支队伍参加。传统强队加拿大蝉联了冠军，历史上第五次摘取该项目奥运会金牌，可谓称霸冰球界，美国队居亚军，瑞典队收获了一枚铜牌。

• 金牌榜

名次	国家或地区	金牌	银牌	铜牌	总计
1	挪威	7	3	6	16
2	美国	4	6	1	11
3	芬兰	3	4	2	9
4	联邦德国	3	2	2	7
5	奥地利	2	4	2	8
6	意大利	1	0	1	2
6	加拿大	1	0	1	2
8	英国	1	0	0	1
9	荷兰	0	3	0	3
10	瑞典	0	0	4	4

五

幕后故事

• 奥运圣火

本届冬奥会引人注目的一点是组委会历史性地引入了奥运圣火

采集仪式和火炬传递活动。与夏季奥运会圣火不同的是，这次圣火的火种不是取自希腊的奥林匹亚，而是从位于挪威莫尔盖达尔的著名滑雪运动员松德雷·诺德海姆故居地的壁炉中采集的。

• 冬奥会旗

本届冬奥会期间，挪威奥组委将一面镶有金边的奥林匹克五环旗帜赠送给了国际奥委会。此前冬奥会升旗仪式所用的会旗，是 1920 年安特卫普夏季奥运会上比利时向国际奥委会赠送的会旗的复制品。从此以后，挪威奥委会赠送的旗帜成了冬奥会的专用会旗。

• 举办地

挪威首都奥斯陆位于挪威东南部，是挪威最大的城市，也是挪威政治、经济、文化、交通中心和主要港口。它是挪威王室和政府的所在地，也是斯堪的纳维亚半岛上最为古老的都城。奥斯陆始建于公元 1048 年，从 1814 年起成为挪威首都，昔日曾称为“克里斯蒂安尼亚”，后改为现名。

奥斯陆三面环山，一面临海，空气清新，城市布局整齐，风格独特，环境幽雅，风景迷人。城市毗邻曲折迂回的奥斯陆峡湾，背倚巍峨耸立的霍尔门科伦山，苍山绿海相辉映，使城市既有海滨都市的旖旎风光，又依托高山密林，展示出雄浑气势。街道两旁的建筑大多只有六七层，带有浓厚的中世纪色彩和独具一格的北欧风光。

1993 年，在美国的主导下，以色列和巴勒斯坦在这里达成了著名的奥斯陆协议。另外，这里还是诺贝尔和平奖的颁奖地点，每届诺贝尔和平奖颁奖仪式都是在奥斯陆市政厅举行的。

• 奥运百科

奥运圣火及火炬传递

1934 年，国际奥委会决定在奥运会期间，从开幕到闭幕，主会场要燃烧着象征光明、团结、友谊、和平的奥林匹克圣火，火种必须采自奥林匹亚，并以火炬接力的形式传递到奥运会主办地。奥运会圣火通常于奥运会开幕前几十天在奥运会发源地——希腊奥林匹亚的赫拉神庙前点燃，然后开始火炬传递，通常在开幕前一天抵达主办地，而点燃主会场火炬也是奥运会开幕式最庄严隆重的一项仪式。

奥运会火炬传递是奥运会开幕前的一项重要活动，火炬手是传递圣火、传递奥林匹克理想的使者。基于奥林匹克平等、反对任何歧视的原则，各行各业人士包括政府官员、知名人士、著名运动员、普通百姓均可担任火炬手，这也体现了奥林匹克运动的平等性、广泛性与参与性。传递路线则本着体现该届奥运会的特色和举办理念的原则来设计。奥运火炬传递既是传播奥林匹克精神、传播和平与友谊主题的一个有效载体，也是点燃全世界人民对奥运激情的一种有效方式，更是主办地展示自己形象与影响力的一个有效途径。

现代奥运会历史上，第一次点燃火炬是在1920年第七届比利时安特卫普夏季奥运会上，为了悼念在第一次世界大战中死去的人们，主办者决定在主会场点燃象征和平的火炬，当时未举行火炬传递仪式，火种也不是采自奥林匹亚。1936年柏林夏季奥运会，第一次举行了现代奥运会火炬接力活动。圣火在希腊的奥林匹亚点燃，先在希腊境内传递，之后传递至德国的柏林，点燃主火炬塔成为1936年奥运会开幕仪式的一大亮点。自此，奥运圣火传递仪式就成为每届奥运会必不可少的重要活动。

冬奥会历史上，第一次点燃火炬是在1936年第四届德国加米施－帕滕基兴冬奥会上，首次进行火炬传递活动是在1952年第六届挪威奥斯陆冬奥会上，火炬的火种取自挪威冰雪运动奠基人松德雷·诺德海姆生前居住过的一所石房中。从1964年第九届因斯布鲁克冬奥会开始，冬奥会圣火火种的采集回到了奥林匹克发源地——奥林匹亚，并且从那届开始以后一直延续至今。

第七届

1956 年科蒂纳丹佩佐冬奥会

开幕时间：1956 年 1 月 26 日
闭幕时间：1956 年 2 月 5 日
举 办 地：意大利科蒂纳丹佩佐

一

申办历程

申请主办第七届冬季奥运会的包括加拿大的蒙特利尔、美国的科罗拉多斯普林斯和普莱西德湖，以及意大利的科蒂纳丹佩佐，最终曾于 1952 年申办未果的科蒂纳丹佩佐被选为本届冬奥会的主办地。

二

奥运元素

• 会徽

本届会徽的造型为一个充满设计感的雪花，中间是一个奥运五环，其上为一颗

五角星，代表了意大利国家奥委会，主办城市的形象被刻在标志的下方。会徽是主办方从 79 位艺术家的 86 件作品中选出的，米兰和热那亚的两位设计师共同完成了这一作品。

• 推广海报

海报上印有“第七届冬季奥林匹克运动会”等字样，奥林匹克五环延展构成了一个几何图案，海报背景是雪景照片。

• 奖牌

奖牌的正面是一位面容姣好的女性的头像，她戴有奥运五环式的皇冠，奥运火炬在头像前方，奖牌周围刻有“第七届冬奥会”的字样。奖牌背面是冬奥会的标志符号——一片雪花覆盖在一座雪山上，并刻有“更快，更高，更强”和“科蒂纳丹佩佐 1956”字样。

• 火炬

本届冬奥会的火炬为银色合金制作，长度 47 厘米，沿用了 1948 年伦敦夏奥会和 1956 年墨尔本夏奥会火炬的样式，火炬上刻有铭文

“第七届冬奥会，科蒂纳丹佩佐 1956”，并镌刻了奥林匹克五环标志。

传递路线：罗马—威尼斯—科蒂纳丹佩佐

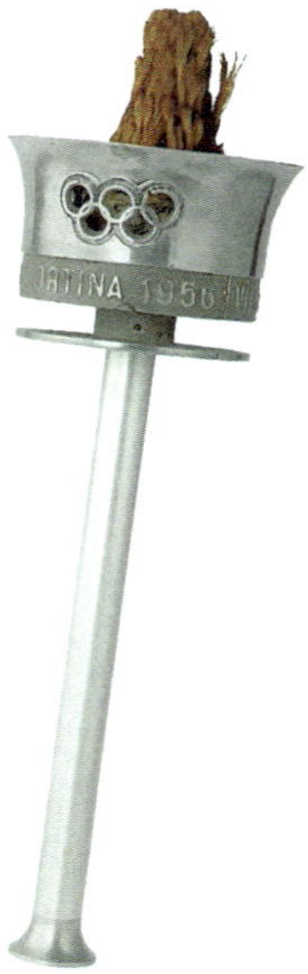

三

开幕式及火炬传递

在本届冬奥会的开幕式上，时任意大利总统乔瓦尼·格隆基出席了开幕式并宣布大会开幕。女子高山滑雪滑降运动员朱里亚娜·切纳尔－米努佐代表运动员宣誓，意大利著名男子速度滑冰运动员吉多·卡罗利点燃了冬奥会主火炬。

1956年1月22日，奥运圣火在罗马朱庇特神庙的台阶上被点燃，由第一位火炬手从那里出发，将圣火由机场运至水城威尼斯，再乘贡多拉[1]将圣火运抵梅斯特雷，开始了第一阶段的冰雪上的奥运圣火传递。开幕式前一天，圣火存放在科蒂纳丹佩佐附近海拔2 098米的杜卡德奥斯塔。开幕式当天，1952年冬奥会金牌得主泽·科洛携带圣火滑雪穿过山谷到达科蒂纳丹佩佐，然后由两位奥运会选手将圣火护送至开幕式现场。

① 贡多拉是一种威尼斯特有的轻盈纤细、两头尖起的用传统工艺制造的摇橹小船，细细的船体和平平的船底特别适合威尼斯又窄又浅的运河。目前贡多拉已经成为威尼斯的一部分，乘坐贡多拉游览水城也成为很多游人的必选项目。

四

赛事简况

项　　目：4 大项 8 分项 24 小项

运动员：821 名

• 运动员及参赛国家或地区情况

本届冬奥会共有来自 33 个国家或地区的 32 支代表队参加，总计 821 名运动员，其中女子运动员 134 人，男子运动员 687 人。首次参加冬奥会的国家有伊朗、玻利维亚、苏联和民主德国，民主德国与联邦德国首次组成联队参赛。

• 项目介绍

本届冬奥会竞赛项目共设 4 大项 8 分项 24 小项，其中往届的男子 18 公里越野滑雪项目被取消，新增 15 公里、30 公里两个项目，同时在女子项

目中新增了 3×5 公里越野滑雪接力赛。

• 成绩之最

在本届冬奥会速度滑冰比赛中，首次参加冬奥会的苏联成了最大的赢家，获得了全部 4 个项目中的 3 个冠军，一举打破了挪威、美国过去对这个项目的垄断。其中叶夫根尼·格里申以 40 秒 2 的成绩首次在冬季奥运会上创造了 500 米速滑的世界纪录，他还与队友尤里·米哈伊洛夫同时以 2 分 08 秒 6 的成绩取得了 1 500 米比赛的冠军，并再次刷新了芬兰运动员托伊夫·萨洛宁刚刚创造的世界纪录。鲍里斯·希尔科夫在 5 000 米比赛中摘得了桂冠，瑞典运动员西格瓦德·埃里克松获得 10 000 米比赛的冠军，他们的成绩也都打破了冬奥会纪录。

在本届冬奥会男女花样滑冰比赛中，美国队取得了优异的成绩。以海斯·阿兰·詹金斯为首的 3 名选手包下了男子单人滑的全部奖牌，坦莉·奥尔布赖特和卡罗尔·海斯分获女子单人滑的金、银牌。欧洲在这次花样滑冰比赛中，只有奥地利的茜茜·施瓦茨和库特·奥佩尔特在男女双人滑中赢得了冠军。

本届冬奥会的越野滑雪比赛精彩纷呈，在男子项目中，挪威、芬兰、瑞典和苏联各获得 1 枚金牌。上届 18 公里冠军、挪威的哈尔盖·布伦登和 50 公里冠军、芬兰的维科·哈库利宁这次分别获得了 15 公里和 30 公里的金牌，而苏联则在 4×10 公里接力赛中赢得了金牌。在女子 10 公里越野滑雪赛中，世界冠军、苏联运动员柳博夫·科济列娃不负众望，顺利摘金。首次列入比赛的女子 3×5 公里接力，争夺十分激烈，苏联队先赢后输，屈居亚军，芬兰队最终夺冠。

冰球赛共有 10 支队伍参加，当时实力最强的是加拿大、美国、苏联 3 支队伍，苏联队的参赛改变了欧美冰球比赛力量对比的格局。最终经过激烈的角逐，苏联第一次获得冰球奥运会冠军，美国队获得亚军。

• 金牌榜

名次	国家或地区	金牌	银牌	铜牌	总计
1	苏联	7	3	6	16
2	奥地利	4	3	4	11
3	芬兰	3	3	1	7
4	瑞士	3	2	1	6
5	瑞典	2	4	4	10
6	美国	2	3	2	7
7	挪威	2	1	1	4
8	意大利	1	2	0	3
9	德国联队	1	0	1	2
10	加拿大	0	1	2	3

五

幕后故事

• 罗马圣火

实际上，本届奥运会的圣火火种并非采自希腊的奥林匹亚，而是于 1956 年 1 月 22 日采集自罗马朱庇特神庙的台阶上。

• 最后的花滑室外赛

本届冬奥会是最后一届花样滑冰项目比赛放在室外场地上进行的冬奥会。

• 女子运动员宣誓

在本届冬奥会开幕式上，代表运动员宣誓的是一位来自意大利的女子运动员朱里亚娜·切纳尔－米努佐，这也是冬奥会历史上第一次由女性来代表运动员宣誓，这对于提高女性在冬季体育运动中的地位，吸引更多的女性加入冬季体育运动无疑具有积极意义。

• 电视转播

在本届奥运会上，第一次进行了电视转播，开创了奥运会历史上的先河。

• 坦莉·奥尔布赖特

美国花滑名将奥尔布赖特在本届冬奥会中一战成名，她的事迹也被世人广泛流传。奥尔布赖特童年时期就患了脊髓灰质炎，并濒临完全瘫痪。她的父亲为了让女儿重新站起来，不惜花费大量资金，到处求医问药，最终决定采用花样滑冰的训练作为一种特殊的“治疗”。病弱的奥尔布赖特忍受了各种痛苦，以顽强的意志战胜了病魔，并成为一名出色的花样滑冰运动员。1952 年，她在奥斯陆获得奥运会银牌，迈出了她走上冠军奖台的第一步。本届比赛前，她不幸受伤，但凭借着毅力、意志和勇气，终于登上了冠军宝座。奥尔布赖特后来继承了父业，当了外科医生，并被选为美国奥委会名誉秘书。

• “白色闪电”

奥地利运动员安东·扎勒素有“白色闪电”之称，他在本届冬奥会的滑降、回转和大回转比赛中三夺金牌，因奥运会高山滑雪成绩同时算世界锦标赛成绩，三项的总成绩也列为锦标赛全能成绩，这样，扎勒一下获得 3 枚奥运会金牌和 4 个世界冠军，成为滑雪史上的传奇。

• 亚洲身影

日本运动员猪谷千春在本届冬奥会高山滑雪回转项目比赛中获银牌，成为首位在冬奥会上获得奖牌的亚洲人。

• 苏联参赛

作为世界强国同时也是冰雪运动强国的苏联终于在 1956 年加入了冬奥会大家庭，首次派出代表队参加冬奥会。苏联的加入不仅壮大了冬奥会大家庭，而且使得冬奥会的比赛项目更加精彩，同时极大地增强了冬奥会的影响力。

苏联首次参加冬奥会便取得了不俗的成绩，以 7 枚金牌占据金牌榜首位，在多个项目上打破了挪威、美国等老牌冰雪强国的垄断，创造了冬奥会的新格局。

• 举办地

科蒂纳丹佩佐是意大利贝卢诺省的一个山间小镇，面积 254.51 平方千米，平均海拔 1 224 米。作为意大利的滑雪胜地，它是欧洲著名的冬季运动中心，是众多的冰雪爱好者的不二选择。随着新的冰雪设施和旅社、商店的逐年增多，来这里观光度假的人也逐年增加，这里也因此承办过多次大型国际冰雪竞赛。这里的大型冰场、雪场也为它带来了源源不断的观光者和经济发展的机会。

• 奥运百科

奥林匹克标志

奥林匹克标志是由皮埃尔·德·顾拜旦先生于1913年提议设计的，也被称为奥运五环标志，它是世界范围内最为人们广泛认知的奥林匹克运动会标志。它由5个奥林匹克环套接组成，有蓝、黄、黑、绿、红5种颜色，分别代表欧洲、亚洲、非洲、大洋洲和美洲。环从左到右互相套接，上面是蓝、黑、红环，下面是黄、绿环。整个造型为一个底部较小的规则梯形。奥林匹克标志象征着五大洲的团结，并强调所有参赛运动员应以公正、坦诚的精神出现在比赛场上。

第八届

1960 年斯阔谷冬奥会

开幕时间：1960 年 2 月 18 日

闭幕时间：1960 年 2 月 28 日

举 办 地：美国斯阔谷

一

申办历程

申请主办本届冬季奥运会的有联邦德国的加米施－帕滕基兴，奥地利的因斯布鲁克、瑞士的圣莫里茨和美国的斯阔谷。经过国际奥委会在 1955 年第 51 届巴黎全会上的两轮投票，美国的斯阔谷最终胜出，冬奥会也再次从欧洲大陆转至美洲大陆举行。

1960 年冬季奥林匹克运动会申办结果			
申办地	国家	第一轮投票	第二轮投票
斯阔谷	美国	30	32
因斯布鲁克	奥地利	24	30
加米施－帕滕基兴	联邦德国	5	—
圣莫里茨	瑞士	3	—

二

奥运元素

• 会徽

本届会徽的主体由选自美国国旗 3 种颜色的三角形和奥运五环组成。3 个三角形采用了叠加的设计，使其具有 3D（三维）视觉效果，同时也使得形状犹如一颗星星，又像一朵雪花。

• 推广海报

海报上印有“第八届冬季奥林匹克运动会”等字样以及标记有斯阔谷地理位置的美国地图。

• 奖牌

奖牌的正面为一个年轻女子的侧颜，其后为一个年轻男子，象征着青春与活力。周围刻有铭文“第八届冬季奥林匹克运动会”。奖牌的背面采用较为清爽的设计，主体为奥运五环，周围刻有铭文“更快，更高，更强”，下半部分留出了空白给对应的项目名称。本次冬奥会制作了金、银、铜牌各 60 块。

• 火炬

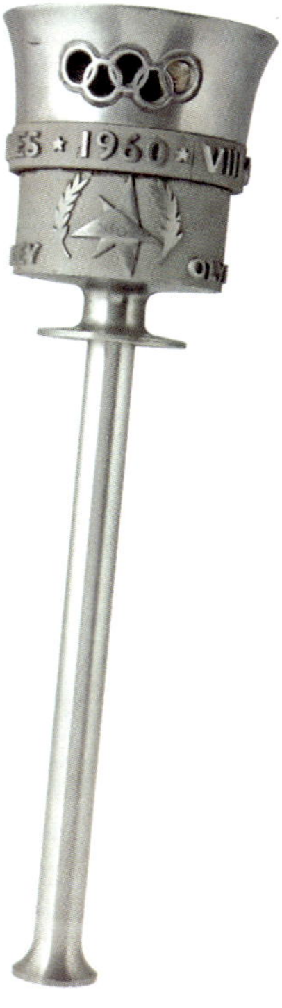

本届冬奥会的火炬为银色铝制，长度 48.5 厘米，沿用 1948 年伦敦夏奥会、1956 年墨尔本夏奥会、1956 年科蒂纳丹佩佐冬奥会火炬的样式，火炬上刻有会徽、奥运五环和“第八届冬季奥林匹克运动会，斯阔谷 1960”字样。

火炬手数量：超过 600 人

传递路线：挪威—丹麦—美国

三

开幕式及火炬传递

本届冬奥会的开幕式于 1960 年 2 月 18 日举行，时任美国副总统的理查德·米尔豪斯·尼克松[①]宣布大会开幕，国际奥委会主席布伦戴奇致辞，美国著名花样滑冰运动员卡罗尔·海斯代表运动员宣誓。现场大约有 1.5 万名观众观看了开幕式。在开幕式上，奥运会速滑冠军肯尼斯·亨利手持奥运圣火绕场一周后点燃了主火炬。

本届冬奥会的圣火本来计划采自奥林匹亚，但希腊奥委会认为距开幕式只有一个月的时间，组织圣火采集仪式有困难，所以圣火的采集地点选在了 1952 年奥斯陆冬奥会的火种采集地。1960 年 1 月 31 日，圣火在挪威著名运动员松德雷·诺德海姆故居的壁炉之中点燃，由汽车经奥斯陆运送至丹麦首都哥本哈根，然后飞往美国洛杉矶，火炬接力穿越加利福尼亚州，在开幕式前传递到了斯阔谷。开幕式当天，在八名美国滑雪救护队员的陪伴下，曾获得两块冬奥会金牌的安·米德·劳伦斯将圣火传递到最后一位火炬手肯尼斯·亨利手中。

---

① 理查德·米尔豪斯·尼克松（Richard Milhous Nixon），生于 1913 年 1 月 9 日，逝世于 1994 年 4 月 22 日，美国著名政治家，美国第 34 任副总统（1953 — 1961）及第 37 任总统（1969 — 1974）。他曾于 1972 年、1976 年、1993 年三度访华，是首位在任期间访华的美国总统，为中美关系破冰、改善和发展做出了重要贡献，被称为“中国人民的老朋友”。尼克松于 1974 年因“水门事件”辞职，成为美国历史上第一位在任期内辞职的总统。

四

赛事简况

项　目：4 大项 8 分项 27 小项

运动员：665 名

• 运动员及参赛国家或地区情况

参加本届冬奥会的共有来自 31 个国家或地区的 30 个代表团的 665 名运动员，其中女子运动员 144 人，男子运动员 521 人。与前几届冬奥会相比，欧洲国家因经济问题削减了参加人数，从而导致本届的规模也略有缩小。

• 项目介绍

本届冬奥会项目共设 4 大项 8 分项 27 小项，其中男子冬季两项（滑雪和射击）和女子速度滑冰被首次列入冬奥会，而因场地和设施问题，雪车项目被迫取消。

• 成绩之最

在本届冬奥会的速滑比赛项目中，苏联和挪威成绩突出。在男子赛场上，苏联夺取了 4 枚金牌中的 3 枚，其中苏联老将叶夫根尼·格里申卫冕 500 米赛金牌，他又与挪威的罗·奥斯以相同的成绩共同获得 1 500 米赛的金牌。维克托·科西奇金在他的生日当天夺得了 5 000 米赛的金牌。与此同时，格里申还在本届冬奥会组织的一次优秀速滑运动员破纪录赛中以 39 秒 6 的成绩创造了不到 40 秒的新的 500 米速滑世界纪录，成为世界上第一个在 40 秒内滑完 500 米的选手。挪威的速滑成绩也不错，斩获 2 枚金牌，其中除了罗·奥斯获得的 1 500 米赛金牌外，克努特·约翰内森还为挪威赢得了 10 000 米赛的金牌。在女子赛场上，苏联同样占有明显优势，获得了 3 项冠军，其中著名女速滑选手利迪娅·斯科布利科娃一人独得了 1 500 米、3 000 米 2 枚金牌。

花样滑冰比赛中，欧洲国家遭遇滑铁卢，没有一块金牌入账，这在冬奥会历史上还是第一次，出人意料的是美洲则在花滑项目中强势崛起。在男子单人滑比赛中，上届冬奥会铜牌获得者美国的大卫·詹金斯一蹴而就，获得金牌。女子单人滑的金牌则被美国的卡罗尔·海斯摘下。值得一提的是，卡罗尔·海斯是法国著名花样滑冰选手布律内夫妇的得意门生。男女双人滑冠军则被加拿大的芭芭拉·瓦格纳和罗伯特·保罗夺得。

在本届冬奥会的滑雪项目中，欧洲依旧保持着很大的优势，德国联队是最大的赢家。在男子越野滑雪比赛中，芬兰、挪威、瑞典等队伍水平相当，平分秋色。在女子越野滑雪比赛中，苏联在女子10公里项目中成绩耀眼，包揽了该项目的全部奖牌。而高山滑雪的赛场上则是瑞士、德国联队等队伍争雄。在大回转比赛中，瑞士表现出色，罗·斯托布和伊·吕格分获男女冠军。奥地利的埃·欣特泽尔和法国的让·维亚尔内分获男子回转比赛和男子滑降冠军。而德国联队在整个滑雪项目中成绩斐然，夺得了3枚金牌，其中赫尔穆特·雷克纳格尔夺得男子跳台滑雪冠军，乔·托马获得北欧两项全能冠军，海·拜布尔夺得女子滑降冠军。

本届冬奥会的冰球比赛共有9支队伍参加，其中苏联队志在卫冕，在赛前也被视为夺冠的最大热门。然而出乎人们意料，苏联队与美国队、加拿大队交锋都遭到了失败。东道主美国队以3∶2战胜苏联队，以2∶1战胜加拿大队，首次赢得了桂冠，加拿大队获得银牌，苏联队获得铜牌。

• 金牌榜

名次	国家或地区	金牌	银牌	铜牌	总计
1	苏联	7	5	9	21
2	德国联队	4	3	1	8
3	美国	3	4	3	10
4	挪威	3	3	0	6
5	瑞典	3	2	2	7
6	芬兰	2	3	3	8
7	加拿大	2	1	1	4
8	瑞士	2	0	0	2
9	奥地利	1	2	3	6
10	法国	1	0	2	3

五

中国参赛情况

中国台湾派出了邓传楷先生等代表前往美国观摩本届冬奥会的各项活动，这是中国与冬奥会的首次接触。

六

幕后故事

• 慢动作回放

在本届冬奥会的男子回转比赛中，由于裁判无法确认一名运动员是否错过了旗门而向转播比赛的 CBS（哥伦比亚广播公司）电视台要录像带，电视台也自此开始在转播比赛过程中提供现场的慢动作回放。

• 奥林匹克会歌

在本届冬奥会上，演唱了被国际奥委会正式确认的奥林匹克会歌《奥林匹克圣歌》。这首歌在 1896 年第一届夏季奥运会上首演。

• 滑雪装备的创新

来自法国的高山滑降运动员让·维亚尔内在比赛中采用以金属制成的滑雪板，代替过去使用的木制板，这是首次有金属滑雪板出现，代表滑雪器材进入一个新的阶段。在本届比赛中，他就是以这种新装备获得高山滑雪滑降比赛的金牌的。

• 传奇人物

芬兰的越野滑雪运动员维科·哈库利宁总共获得了 7 枚奥运奖牌，其中包括 3 枚金牌、3 枚银牌、1 枚铜牌，而且这 3 枚金牌是在三届奥运会的 3 个不同项目上获得的。1952 年挪威奥斯陆冬季奥运会上，哈库利宁只参加了 50 公里越野滑雪的比赛，但他以快于第二名 4 分 38 秒的优势夺冠。在 1956 年意大利科蒂纳丹佩佐冬季奥运会上，他又参加了 24 公里滑雪项目的角逐，在这个新增奥运项目的比赛中，哈库利宁以 24 秒的优势夺金，此外，他还参加了 15 公里越野滑雪比赛，并名列第四，同时还获得 50 公里越野和 4 × 10 公里接力比赛的银牌。到 1960 年美国斯阔谷冬季奥运会时，哈库利宁已经是 35 岁的老运动员了，在开始进行的 30 公里比赛中，他名列第六，在 15 公里滑雪中夺得铜牌。两天后，他留下了自己奥运生涯最光辉的时刻，作为芬兰接力队的一员，他以 1 米的优势为芬兰夺得 1 枚滑雪接力金牌，从而在自己 35 岁的时候，得到第 3 枚奥运金牌。在随后进行的 50 公里滑雪中，他再添 1 枚银牌。

• 雪车比赛的缺席

美国斯阔谷在向国际奥委会提出申办时，完全没有比赛的运动设施和场馆，因而不得不花费大量资金用在修建比赛场馆上。在知道只有 9 个国家或地区报名雪车时，组委会认为不值得花大笔钱兴建一条雪车的比赛场地，因此宣布雪车比赛缺席本届冬奥会，这是雪车比赛第一次也是唯一一次在冬季奥运会中缺席。

• 冠军之家

在花样滑冰比赛中，获得男子单人滑冠军的美国运动员大卫·詹金斯是上一届男子单人滑冠军海斯·阿兰·詹金斯的弟弟，而获得本届女子单人滑冠军的卡罗尔·海斯后来又同海斯·阿兰·詹金斯结为伉俪。

• 举办地

斯阔谷位于加利福尼亚州东部，是内华达山脉间的一块盆地，也是一处州立游乐区中心。斯阔谷的名字由来十分有趣。在一百多年前，这里原是印第安人聚居的地方。当第一批白人移民到达这里时，看到的只是在家务农的妇女，而没有看到外出狩猎的男子，印第安人称女子为“斯阔”，所以这里被命名为“斯阔谷”。斯阔谷不仅是冬季度假胜地，也是著名的教育中心，这里有全美著名的“美国斯阔谷学院”，它是加利福尼亚的太浩湖畔最早的一所私人国际大学预科寄宿学校，也是现在全美最著名的高中之一。

• 奥运百科

奥运会会歌

1896 年 4 月 6 日，一曲优美庄严的歌曲在第一届奥运会开幕典礼上响起，这支乐曲就是由希腊著名音乐家斯皮罗斯·萨马拉斯作曲，抒情诗人科斯蒂斯·帕拉马斯作词的《奥林匹克圣歌》。虽然《奥林匹克圣歌》在第一次奥运会上大获成功，但它当时并未被确定为奥运会会歌，此后的历届奥运会均采用东道主确定的会歌，未形成统一的会歌形式。后有人建议重新创作一首永久性的会歌，但几经尝试并不能令人满意。于是 1958 年国际奥委会在东京召开的第 55 次全会上，确定将第一届的《奥林匹克圣歌》作为奥运会会歌。1960 年第八届冬奥会上，这首会歌在美国斯阔谷被再次唱响。

第九届

1964年因斯布鲁克冬奥会

开幕时间：1964年1月29日
闭幕时间：1964年2月9日
举 办 地：奥地利因斯布鲁克

一

申办历程

提出申办本届冬奥会的有奥地利的因斯布鲁克、加拿大的卡尔加里和芬兰的拉赫蒂。作为冰雪运动强国的奥地利一直到第八届冬奥会时才提出申办申请，但在投票中败于美国斯阔谷。在本届冬奥会申办过程中，奥地利接连击败竞争对手，终于赢得了主办权。

但在本届冬奥会的筹备过程中，天气再一次扮演了搅局者的角色。从 1964 年 1 月开始，奥地利天气开始反常变暖，无论是城区，还是山地，积雪迅速融化。组委会只好求助政府，紧急动员军队、学生和附近居民上山，将阴冷处的积雪搬往需要的地方。通过各方人士的积极努力，本届冬奥会得以顺利举办。

二

奥运元素

• 会徽

本届冬奥会会徽的主体为因斯布鲁克的因河大桥，其上为奥运五环，象征着来自不同国家的年轻运动员之间的友谊和团聚，主体的周围刻有铭文“因斯布鲁克1964”。

• 官方海报

海报上印有“因斯布鲁克1964”等字样。在黑色背景的映衬下，半片雪花上呈现出奥林匹克五环的形象。

• 奖牌

奖牌的正面是壮丽的阿尔卑斯山的风景，周围刻有铭文“因斯布鲁克 1964”。这是第一次将比赛的各个项目名称分别刻在各项奖牌的下端。在奖牌的背面，因斯布鲁克市的市徽与奥运五环相连，在其周围刻有铭文“第九届冬季奥林匹克运动会”。

• 火炬

本届冬奥会的火炬为青铜色的铜制品，长度 61 厘米，由一个锥形柱柄和顶部的扁碗组成，火炬上刻有“第九届冬奥会，因斯布鲁克 1964”。

传递路线：希腊至奥地利

• 纪念币

本届冬奥会第一次发行了纪念银币，由于购买者踊跃，原计划发行的 2 900 枚纪念币实际发行了 72 431 枚。

三

开幕式及火炬传递

在本届冬奥会的开幕式上，奥地利总统阿道夫·沙尔弗宣布奥运会开幕，奥地利著名有舵雪橇运动员保罗·阿斯特代表运动员宣誓，奥地利高山滑雪男运动员约瑟夫·里德在开幕式上用取自奥林匹亚的火种点燃了会场的主火炬，冬奥圣火在主体育场熊熊燃烧。

本届冬奥会的圣火是于 1964 年 1 月 22 日在希腊奥林匹亚的赫拉神庙前，由几位希腊少女用凸透镜聚焦日光点燃的，当天在希腊奥委会总部停留了一夜。1 月 23 日，16 位火炬手将圣火送往希腊的机场后，圣火被空运至奥地利维也纳。1 月 24 日，圣火抵达因斯布鲁克，在因斯布鲁克的地标建筑——马克西米利安皇宫的黄金屋顶向公众进行了展示。1 月 29 日，圣火由一队运动员护送至因斯布鲁克的伯吉塞尔滑雪跳台场，在那里圣火被转移至用希腊树木制作的火炬上，并被运往开幕式地点。在开幕式上，高山滑雪运动员克里斯托·斯坦福将火炬传递给了约瑟夫·里德。

四

赛事简况

项　目：6大项10分项34小项

运动员：1 091名

• 运动员及参赛国家或地区情况

参加本届冬奥会的共有来自37个国家或地区的1 091名运动员，其中女子运动员199人，男子运动员892人，这也是运动员人数在冬奥会历史上首次突破1 000大关。朝鲜、印度和蒙古首次加入冬奥会。民主德国和联邦德国最后一次以联队形式参赛。

• 项目介绍

本届冬奥会共设6大项10分项34小项，部分项目与上届相比有了些许变化，其中跳台滑雪由原来的单一级别分成了90米、70米两个级别，女子越野滑雪增加了一个5公里项目，同时恢复了上届被取消的有舵雪橇[①]，并增设了无舵雪橇[②]。

• 成绩之最

本届冬奥会的滑冰项目可谓是异彩纷呈，在速滑赛场上，男子速滑的 4 枚金牌被美国、苏联、挪威和瑞典均分。女子速滑的 4 枚金牌则被苏联名将利迪娅·斯科布利科娃包揽，她也因此超过了芬兰的克拉斯·顿贝格和挪威伊瓦尔·巴兰格鲁德等名宿，成为冬奥会上第一次由 1 人包揽一个项目所有金牌的选手。特别值得一提的是，朝鲜选手韩弼花在女子速滑 3 000 米赛中，与苏联选手瓦伦蒂娜·斯捷宁娜并列第二，斩获 1 枚银牌，从而成为亚洲首位在冬季奥运会上获得奖牌的女子运动员。在花样滑冰赛场上，欧洲国家一扫上届全军覆没的阴霾，包揽了全部项目的金牌，打了一个漂亮的翻身仗。男子单人滑冠军被德国联队运动员曼·施内尔德夫摘得。女子单人滑金牌被 22 岁的荷兰小将斯·代伊克斯特拉摘得，这枚金牌也是荷兰在冬季奥运会上的第一枚金牌。男女双人滑中，苏联的柳德米拉·别洛乌索娃、奥列格·普罗托波波夫轻松夺冠，为苏联的滑冰项目再添一枚金牌。而上届冬奥会中表现出色的美洲国家在本届冬奥会的花滑赛场上铩羽而归，没有金牌入账。

本届冬奥会的滑雪项目中，各参赛队实力比较均衡，瑞典、挪威、苏联、奥地利等队均有金牌入账。在越野滑雪赛场上，瑞典老将西克斯腾·耶恩伯格在 50 公里赛中轻松夺冠，并帮助瑞典取得了 4×10 公里越野接力赛的金牌。挪威名将穆德·克努特森为挪威夺得了自 1924 年以来第 7 枚北欧两项的金牌。在女子项目中，苏联 24

---

① 有舵雪橇又称雪车，是一种集体乘坐雪橇，利用舵和方向盘控制，在人工冰道上滑行的运动。

② 无舵雪橇又称雪橇、平底雪橇、运动雪橇或短雪橇，是一种仰面躺在雪橇上，双脚在前，通过变换身体姿势来操纵雪橇高速回转滑降的运动。雪橇为木制，底面有一对平行的金属滑板，滑板不得装置能对其进行操纵的舵和制动器。

岁女运动员克拉夫季娅·博亚尔斯基赫在包揽了 5 公里、10 公里越野滑雪金牌后，还帮助苏联在 3×5 公里接力赛中取胜，她本人也成为本届滑雪项目上获得金牌最多的运动员。在高山滑雪赛场上，主

场作战的奥地利占据天时地利人和，接连取得了 3 项冠军，其中老将埃冈·齐默尔曼夺得男子滑降金牌，小将克里斯特尔·哈斯获得女子滑降金牌，而奥地利的候补队员也在比赛中有上佳表现，约瑟夫·斯蒂格勒在男子回转比赛中表现出色，意外地取得了第一名。法国运动员同样在高山滑雪比赛中表现出色，尤其是古瓦切尔姐妹，姐姐克里斯丁在回转赛中获得金牌，妹妹玛丽获银牌；而在大回转赛中，则是玛丽获得金牌，克里斯丁得银牌，两人成为冬奥会历史上一对耀眼的“姐妹花”。

本届冬奥会的冰球比赛共有 16 支队伍参加，是冬奥会历史上参赛队数最多、比赛时间最长的一次。苏联再次在冰球项目上显示出了强劲的实力，连克美国、加拿大等强敌，斩获金牌。瑞典、捷

克斯洛伐克、加拿大队在积分相等的情况下按净胜球排名分获二至四名。

• 金牌榜

名次	国家或地区	金牌	银牌	铜牌	总计
1	苏联	11	8	6	25
2	奥地利	4	5	3	12
3	挪威	3	6	6	15
4	芬兰	3	4	3	10
5	法国	3	4	0	7
6	德国联队	3	3	3	9
7	瑞典	3	3	1	7
8	美国	1	2	4	7
9	加拿大	1	1	1	3
10	荷兰	1	1	0	2

五

幕后故事

• 人造雪场

由于在冬奥会举办前遭遇天气回暖，奥地利政府派出军队，从阿尔卑斯山上采雪下山，利用卡车将 20 000 块冰砖运送到雪车雪橇比赛赛场上，同时将 40 000 立方米的雪铺到高山滑雪的赛场，还另外准备了 20 000 立方米的雪，以备不时之需。组委会还特地从美国运来 6 部造雪机，在比赛场地边待命，一旦雪融化，准备立刻造雪备用。但是开幕前的第十天，一场大雨将所有冰雪融化，部队不得不再次清理比赛场地，被迫使用人工造雪。

• 不幸事件

由于在本届冬奥会举办前奥地利遭遇异常天气，雪场缺雪情况比较严重，这也引发了严重的事故：澳大利亚滑雪选手米尔尼和英国雪橇选手斯基佩齐在雪量不足的滑道上做赛前练习时，不幸丧生。

• 传奇人物

苏联女子选手斯科布利科娃成为本届冬奥会最耀眼的明星，她在本届冬奥会速度滑冰比赛中所向无敌，包揽 4 枚金牌，成为冬季奥运会历史上第一位在一届比赛赢得 4 枚金牌的运动员，并且在这 4 项比赛中，她分别在 500 米、1 000 米和 1 500 米创造了 3 项奥运会纪录。其实，1963 年、1964 年是斯科布利科娃的运动黄金时代，她在这两个年度的世界锦标赛上，均夺得了个人全能冠军，并多次创造世界纪录。

• 奥林匹克精神

有舵雪橇比赛中，意大利运动员蒙蒂将自己的备用轴螺栓借给了英国的托尼·纳什和罗宾·迪克森，助他们取得了金牌。意大利队获得了铜牌，蒙蒂也因此获得了第一枚顾拜旦体育精神奖章。

• 举办地

因斯布鲁克，奥地利西南部城市，蒂罗尔州首府，建立于1239年。这座美丽的小城坐落在阿尔卑斯山谷之中，旁边流淌着因河。蒂罗尔州是阿尔卑斯山的心脏，无论是在因斯布鲁克的哪一个角落，都能见到白雪覆盖的山峦。因为北面被山脉遮挡，所以因斯布鲁克气候宜人，是著名的国际旅游胜地。因斯布鲁克至今仍然保留着中世纪城市的样貌，在狭窄的小街上，哥特风格的楼房鳞次栉比，巴洛克式的大门和文艺复兴式的连拱廊展现出古城的风貌。因斯布鲁克又是奥地利著名的滑雪胜地，该市有一个能容1万人的体育馆，是欧洲著名的冬季运动体育馆之一，拥有良好的体育设施，馆旁是一个滑冰场。因斯布鲁克是1964年和1976年两届冬奥会的举办地。

• 奥运百科

奥林匹克会旗

奥林匹克会旗为长3米宽2米、白底无边、中央有奥运五环的旗帜。奥林匹克会旗系1913年根据顾拜旦的构思而设计制作的。1914年为庆祝现代奥林匹克运动恢复20周年，在巴黎举行的奥林匹克代表大会上奥林匹克会旗被首次使用。历届奥运会开幕式上都有会旗交接仪式：由上届奥运会主办城市的代表将会旗交给国际奥委会主席，再由主席将会旗递交给当届主办城市的市长，然后旗帜将被保存在市政府大楼，四年后再被送交下届主办城市。在当届奥运会主会场上空飘扬的旗帜是一面代用品。

第十届

1968 年格勒诺布尔冬奥会

开幕时间：1968 年 2 月 6 日
闭幕时间：1968 年 2 月 18 日
举 办 地：法国格勒诺布尔

一

申办历程

在本届冬奥会举办前，加拿大的卡尔加里、芬兰的拉赫蒂、美国的普莱西德湖、日本的札幌、挪威的奥斯陆和法国的格勒诺布尔都向国际奥委会递交了主办申请。最终经过投票，法国格勒诺布尔赢得了主办权。

法国组委会为了将这届运动会办成“最有成效、组织得最好的运动会”，从获得主办权之日起，就积极着手准备工作。为保证比赛顺利进行，他们专门修建了一座用于速度滑冰比赛的人工冷冻速滑场，设备齐全，同时还修建了一个奥林匹克村。

二

奥运元素

• 会徽

会徽上方是一枚六角冰晶，镶嵌于三朵红玫瑰之中，象征着举办城市格勒诺布尔。下方是晶莹剔透的奥运五环，周围写有“格勒诺布尔 1968，第十届冬奥会”。

• 推广海报

海报顶部为奥林匹克五环形象，下方为呈火炬轮廓的格勒诺布尔城市景观。海报上印有“1968 年法国格勒诺布尔市”等字样。

• 奖牌

奖牌的正面是由罗杰·埃克森设计的会徽和“第十届冬季奥林匹克运动会，格勒诺布尔 1968”的题字。奖牌背面是比赛分项的象形图案与项目名称，同样是由罗杰·埃克森设计的。所用的方法是将影印件转印到经过酸浸渍处理的钢上。雕刻和收尾工作由巴黎的硬币和奖牌管理局完成。

这是奥运会历史上第一次为每个比赛分项制作一枚单独的奖牌。根据奥林匹克的相关规定，冠亚军的奖牌都由 925/1000 标准银制成，冠军的奖牌还镀上了 6 克纯金。

• 吉祥物

SCHUSS（雪士）

本届冬奥会推出了一个吉祥物，名为 SCHUSS（雪士）[①]。

① SCHUSS（雪士）是非正式吉祥物。

• 火炬

本届冬奥会的火炬为铜制火炬，长度70厘米，具有长的狭窄燃烧室，上部呈锯齿状，刻有“格勒诺布尔1968”等字样，手柄部分被一块红布覆盖。

火炬手数量：法国境内约有5 000人参与火炬传递活动

传递总距离：法国境内7 222公里

传递路线：希腊至法国

三

开幕式及火炬传递

1968年2月6日，本届冬奥会在格勒诺布尔盛大开幕。法国组委会别出心裁地将3万朵红玫瑰从直升机上撒落，惊艳全场。玫瑰在格勒诺布尔有着特别的含义，该市的市徽即是以3朵红玫瑰作为标志的，它象征着这里的工业、文化教育和冬季运动三大特色。格勒诺布尔也正是以此著称于世，它既是工业城、大学城，又是旅游和冬季运动城。法国总统夏尔·戴高乐宣布冬奥会开幕，著名花样滑冰运动员阿赖恩·卡尔马特点燃了主火炬，法国高山滑雪运动员莱奥·拉克鲁瓦代表运动员宣誓。

本届冬奥会圣火于1967年12月16日在奥林匹亚点燃后，火种被带到奥林匹斯山举行仪式，然后到达雅典，飞往巴黎。1967年12

月 19 日，斯阔谷冬奥会金牌得主让·维亚尔内在巴黎机场迎接了奥运圣火，并把它交给了法国的第一位火炬手阿兰·米蒙，他是 1956 年墨尔本奥运会金牌获得者，也是三枚奥运会银牌得主。火炬传递路线经过了法国各地的体育中心。开幕式上，组织者别出心裁地将一个扩音装置放置在最后一位火炬手阿赖恩·卡尔马特的胸前，使得整个体育场的人都能听着他的心跳，看着他跑向火炬塔。

四

赛事简况

项　目：6 大项 10 分项 35 小项
运动员：1 158 名

• 运动员及参赛国家或地区情况

参加本届冬奥会的共有来自 37 个国家或地区的 37 支代表队，运动员 1 158 名，其中女子 211 人，男子 947 人，运动员参赛人数是法国 1924 年第一次主办时的四倍多。首次参加的国家有摩洛哥，联邦德国和民主德国从本届冬奥会开始独立组队参赛。

• 项目介绍

本届冬奥会中，项目总数增加为 6 大项 10 分项 35 小项。比赛项目增加了冬季两项的 4×7.5 公里接力。

• 成绩之最

在男女速滑比赛中，联邦德国、荷兰、挪威和瑞典均分了男子 4 项的全部金牌。传统强队苏联在男子项目中全军覆没，只在女子项目中夺得了 500 米桂冠。荷兰女队表现出色，卡里·盖森和安斯·舒特分获 1 000 米和 3 000 米金牌。

在花样滑冰男子单人滑中，已经 32 年未得过冠军的奥地利总算由名不见经传的年轻运动员沃尔夫冈·施瓦茨获取了这项桂冠。而奥地利名将、曾获 3 次世界冠军和 4 次欧洲冠军的丹泽尔只得了第四名。女子单人滑金牌被多次获得世界冠军、美国 19 岁的明星佩吉·弗莱明获取。苏联的夫妻搭档柳德米拉·别洛乌索娃和奥列格·普罗托波波夫蝉联了男女双人滑冠军。

挪威、瑞典在越野滑雪比赛中取得了突出的成绩。挪威运动员哈·格隆宁根和奥·埃勒夫萨特分别在男子 15 公里和 50 公里项目中夺得了桂冠。挪威队还在男女两个接力项目中取胜，总共获得了 4 枚金牌。而瑞典的 30 岁老将托伊尼·古斯塔夫松表现出超群的滑雪技巧和惊人的体力，勇夺女子 5 公里、10 公里冠军，并在 3×5 公里接力赛中获得了 1 枚银牌。

在跳台滑雪项目中，苏联的弗·别洛乌索夫和捷克斯洛伐克的因·拉斯卡分获 90 米、70 米跳台滑雪的金牌，为各自的国家首次在该项目中夺冠。

男子高山滑雪赛中，法国 24 岁的让·克洛德·基利在大回转、回转滑雪和滑降中，接连夺冠，重现了在 1956 年冬季奥运会奥地利的扎勒创造的成就。此后，再未出现任何选手能取得如此出色的成绩。但在回转比赛中，基利的夺冠竞争对手卡尔·施兰茨赛后宣称，在他当时滑行过程中，曾有一名黑人男子横穿赛道，影响了他的成绩。虽然他在组委会安排的重滑中创出了比基利更好的成绩，但事后仲裁机构却宣布取消了施兰茨的成绩。

在冬季两项个人赛中，苏联的亚历山大·吉洪诺夫和挪威的马格纳尔·索尔伯格是金牌的主要争夺者，最终吉洪诺夫因脱靶被罚了两分钟时间，屈居亚军，索尔伯格获得冠军。但在 4×7.5 公里接力赛中，苏联战胜了挪威，取得团体第一名。

无舵雪橇项目按规定需进行 4 轮比赛，但因天不作美，只赛完了 3 轮。奥地利的曼·施密德、意大利的埃·莱希纳分获男女无舵单人座冠军，民主德国获得男子无舵双人座第一名。有舵雪橇男子双人座和 4 人座比赛中，意大利一队战胜了所有对手，两次夺魁。尤吉尼奥·蒙蒂因此也收获了两枚金牌。

冰球比赛共有 14 支队伍参加，最终经过激烈角逐，上届冠军苏联队以 7 战 6 胜 1 负积 12 分的成绩再次获得金牌，捷克斯洛伐克队以 7 战 5 胜 1 平 1 负的成绩名列第二，加拿大队获得铜牌。

• 金牌榜

名次	国家或地区	金牌	银牌	铜牌	总计
1	挪威	6	6	2	14
2	苏联	5	5	3	13
3	法国	4	3	2	9
4	意大利	4	0	0	4
5	奥地利	3	4	4	11
6	荷兰	3	3	3	9
7	瑞典	3	2	3	8
8	联邦德国	2	2	3	7
9	美国	1	5	1	7
10	芬兰	1	2	2	5
10	民主德国	1	2	2	5

五

幕后故事

• 性别及兴奋剂检测

在本届冬奥会上，国际奥委会医学委员会首次进行性别检测和兴奋剂检测。

• 彩色电视

本届冬奥会采用了彩色电视信号转播，这是奥运会历史上首次用彩色电视信号进行转播。

• 新的奖牌

在本届冬奥会中，项目的象形图案首次出现在奖牌上，与项目名称相呼应，改变了奖牌的面貌。

• 金牌榜的变化

苏联队自 1956 年出现在冬奥会赛场以来，一直占据着金牌榜第一的位置，本次冬奥会这一局面被挪威打破，挪威队以 6 金 6 银 2 铜的成绩占据了金牌榜的第一位。

• 举办地

格勒诺布尔是法国东南部一座古老的城市，远在古希腊、罗马时期就已驰名于世。该城在阿尔卑斯山区，位于罗讷河支流伊泽河畔，城镇人口共 10 余万。作为法国东南部的滑雪胜地，周围的雪场条件好且数量多，每个冬季都会吸引大量的游人或体育爱好者前来度假观光，为当地旅游业的发展带来无限活力。素有“欧洲的硅谷”之称的格勒诺布尔在微电子产业的领先也为其带来无限商机。同时，建于 14 世纪的格勒布诺布尔大学和一些艺术博物馆、教堂等古典建筑使这座城市充满了文化的底蕴和历史的美感。

• 奥运百科

奥运会吉祥物

奥运会吉祥物通常是以主办地的动物或人物为原型，经艺术加工而成的一种奥运形象标志，用以表达主办城市独特的地域特征、历史文化和人文特色，同时弘扬奥运会理念，也达到营造奥运会节日气氛的效果。吉祥物的出现既是奥林匹克文化发展到一定阶段的产物，也是奥运会的商业化进程发展到一定阶段的产物。吉祥物通常会被做成各种不同形式的纪念品，因其可爱的形象和良好的寓意而深受世界各国民众喜爱。

1968 年第十届法国格勒诺布尔冬奥会上，一个在雪上滑雪的小卡通人物“雪士”被确定为该届奥运会的非正式吉祥物，它有着夸张的硕大脑袋和细巧而坚硬的身体，是一个意志坚强的小精灵。正式的吉祥物出现在 1972 年第二十届慕尼黑夏季奥运会上，是一只被称为“瓦尔迪”的装饰性德国纯种小猎狗，此后吉祥物就成为能够代表一届奥运会的一种形象特征。

第十一届

1972 年札幌冬奥会

开幕时间：1972 年 2 月 3 日
闭幕时间：1972 年 2 月 13 日
举 办 地：日本札幌

一

申办历程

在本届冬奥会的申办过程中，加拿大的班夫、芬兰的拉赫蒂、美国的盐湖城与日本的札幌提出了申办请求。然而令人意想不到的是，并非冰雪运动强国的日本却击败了欧美的竞争对手，赢得了本届冬奥会的举办权。这是冬奥会有史以来第一次走出欧美国家，来到世界人口最多的亚洲举办，这也被外界认为是奥运会尤其是冬奥会国际性增强的标志，更加符合奥林匹克精神。无疑，冬奥会落户日本极大地促进了亚洲冬季运动项目的普及与发展，良好的比赛设施、精心的组织工作和热情的民众使得本届冬奥会得以成功举办。

二

奥运元素

• 会徽

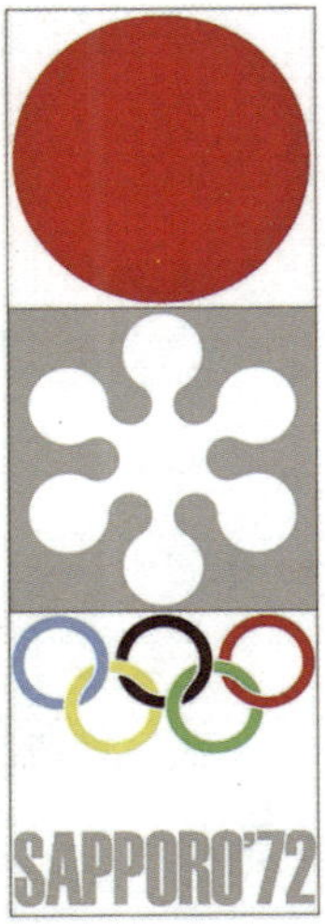

日本的8位顶级设计师提出了他们各自的方案，最终永井一正的设计被选中，成为本届冬奥会的会徽。本届会徽由3个独立元素组成：一轮冉冉升起的太阳象征着日本的大和民族；一片雪花代表了一个古代日本的家族徽章，也代表了冬奥会；奥运五环和举办地“札幌”及举办时间。

• 推广海报

海报主体形象为一位滑降运动员空中跳跃的姿态。海报上印有“第十一届冬季奥林匹克运动会”等字样以及本届冬奥会会徽。

• 奖牌

奖牌的正面由八木一美设计，用一些浮雕式的线条代表柔软、羽毛般的雪和锋利尖锐的冰，寓意和平与宁静。奖牌背面用英文和日文刻有铭文“第十一届札幌冬奥会”，并刻上了本届冬奥会的会徽，奖牌的背面由田中一光设计。本次冬奥会共制作了 267 块奖牌，金、银、铜每种各 89 块。

• 火炬

本届冬奥会的火炬由不锈钢和轻质铝合金制成，具有圆柱形燃烧管和管状手柄，上刻有铭文“札幌 1972 年”和本届冬奥会的会徽，下部碗的形状与奥运会火炬塔的形状相呼应。

火炬手数量：大约 16 300 人

传递总距离：18 741 公里

传递路线：希腊至日本

- **纪念币**

三

开幕式及火炬传递

1972 年 2 月 3 日，第十一届冬奥会的开幕式在札幌森林公园内的真驹内室外体育场举行，日本裕仁天皇宣布冬奥会开幕，国际奥委会主席布伦戴奇致开幕词，这是布伦戴奇在国际奥委会主席任内的最后一届冬奥会。日本速滑运动员铃木敬一代表运动员宣誓，浅木文雄代表裁判员宣誓，一位名叫高田秀喜的学生点燃了大会的主火炬塔。

1971 年 12 月 28 日，奥运圣火在希腊奥林匹亚点燃，用车送往雅典，并从那里飞往日本。1971 年 12 月 30 日，火种抵达冲绳岛，先进行了 66 公里的火炬传递。1972 年 1 月 1 日，火炬抵达东京。在国家体育场举行了迎接圣火的仪式后，随即开始了传递活动。火炬的传递沿着本州岛上的两条路线，一条在东海岸，另一条在西海岸，越过津轻海峡到达北海道岛后，火炬传递分成三条路线最终到达札幌。1 月 30 日，国际奥委会主席布伦戴奇出席了三条路线火炬的重聚仪式，火炬最终被带到市政府广场，有 15 000 名 11 岁至 20 岁之间的青少年参与到火炬接力之中。2 月 3 日，火炬被带到开幕式现场，运动员泉津津久将它传递给高田秀喜。

四

赛事简况

项　目：6 大项 10 分项 35 小项

运动员：1 006 名

• 运动员及参赛国家或地区情况

报名参加本届冬奥会的共有来自 35 个国家或地区的 1 006 名运动员，其中女子运动员 205 人，男子运动员 801 人。菲律宾和中国台湾地区首次参加了冬奥会。

• 项目介绍

本届冬奥会的比赛项目与上届相比没有任何变化，项目总数仍为 6 大项 10 分项 35 小项。

• 成绩之最

在滑冰赛场上，荷兰、美国、苏联等冰雪强国均有金牌入账。

在男子速滑比赛中，荷兰收获颇丰，荷兰速滑名将阿尔德·申克在本届冬奥会中发挥出色，包揽了 1 500 米、5 000 米和 10 000 米项目的冠军，成为继克拉斯·顿贝格、伊瓦尔·巴兰格鲁德、亚马尔·安德森之后第四位在一届奥运会上取得 3 枚金牌的男子速滑选手。如果不是阿尔德·申克在 500 米比赛中意外摔倒，他极有可能在本届冬奥会中包揽男子速滑所有比赛项目的金牌。而由于阿尔德·申克的意外摔倒，上届 500 米速滑冠军，来自联邦德国的艾哈德·凯勒幸运地卫冕成功。在女子速滑比赛中，美国运动员安·亨宁和黛·霍勒姆发挥出色，战胜强敌荷兰，分获 500 米、1 500 米比赛的金牌。荷兰女队在比赛中发挥欠佳，种子选手阿·克伦·迪尔斯特拉在万众瞩目之下发挥失常，仅获得 1 银 2 铜；仅巴斯－凯泽在 3 000 米比赛中挽回颜面，夺得了一枚宝贵的金牌。在花样滑冰赛场上，已经多次在世界和欧洲锦标赛中夺冠的苏联著名花样滑冰运动员伊琳娜·罗德尼娜和首次参加冬奥会的亚历山大·乌兰诺夫凭借高超的技巧和完美的发挥获得了男女双人滑冠军。捷克斯洛伐克运动员翁·内佩拉和奥地利运动员贝·舒巴分获男女单人滑冠军。

在滑雪项目上，苏联、瑞士、日本、波兰和意大利均有金牌入账。在越野滑雪比赛中，苏联队发挥出色，维切斯夫·韦杰宁斩获

了男子 30 公里赛冠军，同时还帮助苏联在 4×10 公里赛中夺冠。在女子越野滑雪比赛中，29 岁的苏联名将加琳娜·库拉科娃在 5 公里、10 公里以及 3×5 公里接力项目中均获金牌，成为本届冬奥会中表现最为出色的女子运动员。在跳台滑雪比赛中，日本、波兰平分秋色，日本在名将笠谷幸生的带领下包揽了 70 米跳台滑雪的全部奖牌，而笠谷幸生也成为日本和亚洲第一个冬季奥运会金牌获得者。波兰运动员沃杰西奇·福尔图纳则在 90 米台的比赛中摘得桂冠，为波兰队在跳台滑雪项目上取得了成绩上的突破。在高山滑雪赛中，瑞士的成绩最为耀眼，在男女项目中共获得了 3 枚金牌，其中伯恩哈德·鲁西在男子滑降中夺冠，玛丽－泰雷兹·纳迪希在女子滑降和大回转滑雪两项比赛中夺得金牌。意大利同样有金牌入账，世界冠军、滑雪名将古斯达沃·托尼在男子大回转和回转项目比赛中分获金、银牌。

在冬季两项项目中，挪威队和苏联队发挥出色，其中挪威运动员索尔伯格在个人赛中蝉联了冠军，苏联队也在接力项目中蝉联了金牌。

在雪车雪橇项目上，民主德国队发挥出色，在沃·沙伊德尔和以安·米勒的带领下，包揽了无舵雪橇男女单人赛的奖牌，还在男子双人项目中与意大利队并列第一名，再夺一金。在有舵雪橇比赛中，联邦德国和瑞士分获男子双人座和男子 4 人座的金牌。

在冰球比赛中，处于新老交替过程中的苏联队虽然面临老将退役以及新手不成熟等问题，但依旧连克美国、捷克斯洛伐克等强敌，夺得冠军。美国和捷克斯洛伐克分获冰球比赛的第二名和第三名。而冰球运动强国加拿大则因为抵制职业运动员参赛而遗憾地错过了本届冬奥会。

• 金牌榜

名次	国家或地区	金牌	银牌	铜牌	总计
1	苏联	8	5	3	16
2	民主德国	4	3	7	14
3	瑞士	4	3	3	10
4	荷兰	4	3	2	9
5	美国	3	2	3	8
6	联邦德国	3	1	1	5
7	挪威	2	5	5	12
8	意大利	2	2	1	5
9	奥地利	1	2	2	5
10	瑞典	1	1	2	4

五

中国参赛情况

在本届冬奥会中，中国台湾地区首次派代表团参赛，成为继1960年以后中国与冬奥会的第二次接触。

六

幕后故事

• 亚洲举办

本届冬奥会是冬奥会历史上第一次在欧美国家以外的城市举办，同时也是亚洲举办的第一届冬奥会。札幌曾于 1935 年向国际奥委会提出申办 1940 年冬奥会，并取得了举办权，后因日本政府发动侵略战争而被搁浅。第二次世界大战后，日本的经济得到恢复和发展，1960 年札幌再次向国际奥委会提出举办第十届冬奥会的申请，并于 1966 年取得了第十一届冬奥会的举办权。

• 职业运动员参赛

在这届奥运会上，职业运动员的参赛问题再次成为焦点，国际奥委会严禁参加奥运会的运动员接受任何金钱酬劳，否则将被视为职业运动员而被取消参赛资格。在这届奥运会上，奥地利的滑雪运动员卡尔·施兰茨因为收受滑雪产品制造商的酬劳，被认定为职业运动员而被取消参赛资格。

在这届比赛中，来自社会主义国家的冰球运动员被允许参赛引起加拿大代表团的抗议，因为苏联及东欧社会主义国家的运动员是全天训练，与职业球队无异，国际奥委会却允许他们参加，因此以纯业余球员参赛的加拿大队抵制了这次冬奥会。

• 传奇人物

来自苏联的越野滑雪运动员库拉科娃获得了女子越野滑雪项目的 3 块金牌，成为最耀眼的一颗明星。荷兰的阿尔德·申克也在速度滑冰项目上获得 3 块金牌，他也因此成为荷兰的英雄，荷兰还以他的名字为一种花命名。

• 举办地

札幌是一个位于日本北海道道央地区[①]的都会城市，为日本第五大城市，也是日本的政令指定都市[②]。“札幌”在北海道原住民阿伊努

① 道央地区指日本北海道的中央地区。

② 政令指定都市是日本的一种行政区制。当一个都市人口超过 500 000 人（不过目前受认定者实际上大多为人口超过 1 000 000 人的都市），并且在经济和工业运作上具有高度重要性时，该都市将被认定为日本的“主要都市”。政令指定都市在城市规划、居民福利、传染病预防等 17 项行政业务方面直接接受中央政府的指导，享有一定程度的自治权，但原则上仍隶属于上级道、府、县的管辖。

族的阿伊努语中意为“大河川”，也有人认为它的意思是“干燥的开阔地”。虽然日本的城市大多临海，但位于北海道石狩平原西南部的札幌市却是日本少见的内陆大城。札幌是北海道的行政中心，也是北海道的工商业中心，同时还是日本的冬季运动中心，位于市中心的带状公园——大通公园是每年札幌雪祭[①]的举办场地，札幌也因此成为国际知名的观光都市。

• 奥运百科

奥运会会徽

奥运会会徽是一届奥运会最有权威性的形象标志，自 1896 年第一届奥运会以来，每届奥运会都有自己的会徽。早期的会徽与海报是一体的，后来才从海报中脱离出来，设计更加趋于简洁抽象并且寓意丰富。奥运会会徽设计一般以奥运五环为基础，再加上反映举办地特点的主体图案，使得奥运会会徽不仅要体现奥林匹克精神，还要反映出主办国和举办地的历史、文化、地理等特征，具有很高的辨识度和欣赏性。根据《奥林匹克宪章》的规定，各主办国设计的会徽，未经奥运会组委会同意，不得用于广告和商业服务。这一规定保证了奥运会会徽的严肃性和权威性。

① 札幌雪祭是以北海道札幌市内的大通公园为首，并在数个会场同时展开的北海道最大型的活动，是每年 2 月上旬举办的冰与雪的祭典活动，以冰雕作品展示为主。

第十二届

1976 年因斯布鲁克冬奥会

开幕时间：1976 年 2 月 4 日
闭幕时间：1976 年 2 月 15 日
举 办 地：奥地利因斯布鲁克

一

申办历程

在申请本次冬奥会的过程中，美国丹佛成为首个获选却最终放弃主办权之地。丹佛在获得本届冬奥会举办权后，丹佛民众以举办冬奥会会破坏环境、增加居民负担为由反对。与此同时，根据科罗拉多州和丹佛市当时刚刚表决的一项修正案，冬奥会已不能获得州政府的资金补助，而联邦政府的补助也会因此自动停止。因此，丹佛冬奥会组委会向国际奥委会递交了取消举办冬奥会的报告。

原本申请主办 1976 年第十二届冬季奥运会的还有加拿大的温哥华、芬兰的坦佩雷、瑞士的锡昂，奥地利的因斯布鲁克和美国的普莱西德湖等在丹佛退出后立即向国际奥委会提出希望举办这届冬奥会。因斯布鲁克曾是第九届冬季奥运会东道主，国际奥委会对该市各方面的工作留有深刻的印象，因此将主办任务交给了这个城市。这样，该市便成了继圣莫里茨后第二个两次举办冬奥会的城市。

二

奥运元素

• 会徽

本届会徽整体造型同 1964 年第九届冬奥会会徽基本一致，由因斯布鲁克市的市徽和奥运五环组成，因斯布鲁克的市徽源自因河大桥，因斯布鲁克这个城市的名字也来源于因河。会徽象征着来自不同国家、不同地区、不同民族的年轻运动员们之间的友谊和团聚。主体的周围刻有铭文“因斯布鲁克 1976”。

• 推广海报

海报主体形象为头部戴有头盔的蓝眼睛雕像，雕像被固定在一个秒表上，其远处为雪山景色。本届冬奥会的会徽印在头盔的眼镜处。海报上印有“1976 年因斯布鲁克冬季奥林匹克运动会”以及艺术家签名。

• 奖牌

本届冬奥会奖牌是由艺术家玛撒·曹法尔－哈特尔设计，由维也纳的奥地利铸币工厂制作的。奖牌正面是该届冬奥会的会徽，周围刻有铭文“第十二届冬奥会”等。奖牌的背面是伯吉塞尔滑雪区，前部右侧是奥运圣火，背景是阿尔卑斯山。

• 吉祥物

SCHNEEMANN

本届冬奥会的吉祥物名为 SCHNEEMANN，它在德语中意味着雪人。

• 火炬

本届冬奥会的火炬为银色，由铝合金及钢制成，长度 74.6 厘米。火炬的上部是六边形的，装饰有镂空的奥林匹克五环标志，标志连接着的金属条代表滑雪中的跳跃场地。中心部分刻有铭文“1976 年因斯布鲁克第十二届冬奥会”。

传递总距离：在奥地利境内共 1 618 公里

传递路线：希腊至奥地利

• 纪念币

三

开幕式及火炬传递

本届冬奥会于1976年2月4日至2月15日举行，在2月4日晚举行的开幕式上，奥地利总统鲁道夫·克尔什拉格宣布大会开幕，国际奥委会主席基拉宁出席了开幕式并致辞。东道主的有舵雪橇选手维尔纳·戴尔－卡尔特以及奥地利的北欧两项裁判员威利·科斯廷格分别代表运动员、裁判员宣誓。

此外，本届冬奥会开幕式的一大亮点是在主会场设立了两个火炬塔，其中一个是十二年前第九届冬奥会的火炬塔，另一个是为本届冬奥会新建的，两个火炬塔由奥地利的无舵雪橇运动员约瑟夫·费斯特曼特尔与奥地利高山滑雪运动员克里斯特尔·哈斯分别点燃，两个火炬的同时燃烧也寓意着因斯布鲁克为冬季奥运会的两次主办地。

本届冬奥会的火种在奥林匹亚被采集后，用车送往雅典，并从那里飞往维也纳。火炬传递路线在维也纳分为两条线，一条是北部，另一条是南部。开幕式前三天，这两条路线在因斯布鲁克汇聚。火炬同 1964 年一样，被保存在因斯布鲁克的地标建筑——马克西米利安皇宫的黄金屋顶，一直到 2 月 4 日的开幕式。为了让尽可能多的人看到奥运圣火，圣火被放置在了一辆专门为它设计的有玻璃圆顶的车上，沿途行进了约 1 500 公里。

四

赛事简况

项　目：6 大项 10 分项 37 小项

运动员：1 123 名

• 运动员及参赛国家或地区情况

报名参加本届冬奥会的共有来自 37 个国家或地区的 1 123 名运动员，其中女子运动员 231 人，男子运动员 892 人。此外，安道尔和圣马力诺两个国家首次参加冬奥会。

• 项目介绍

本届冬奥会的竞赛项目较上届相比新增了两个小项，分别是冰上舞蹈和男子 1 000 米速滑，使小项数达到 37 个，而大项数量仍保持 6 个。另外，女子越野滑雪 3×5 公里接力由 3 人改为 4 人参赛，即 4×5 公里接力。

• 成绩之最

在本届冬奥会花样滑冰比赛中，美国 19 岁运动员多罗西·哈米尔在女子花样滑冰单人滑中以优异的成绩夺得冠军。英国选手约翰·库利不出意外地摘得了男子单人滑桂冠。在男女双人滑项目上，苏联名将伊琳娜·罗德尼娜与亚历山大·扎伊采合作，力压群雄获得冠军。苏联在首次列入冬奥会的冰上舞蹈比赛中占有明显优势，苏联著名组合柳德米拉·帕霍莫娃、亚历山大·戈尔什科夫和伊琳娜·莫伊谢耶娃、安德烈·米宁科夫两对苏联选手分获金、银牌，他们曾在世界和欧洲锦标赛中多次夺冠。

在速滑比赛中，苏联强势反弹，一扫札幌冬奥会兵败的阴霾，夺得了 4 枚金牌，其中苏联选手叶夫根尼·库利科夫在男子 500 米速滑比赛中夺金。在女子项目比赛中，苏联 25 岁的塔吉亚娜·阿维里娜参加了全部 4 项比赛并且都有奖牌入账，更是在 1 000 米、3 000 米这两个项目中夺冠。女子 1 500 米冠军由苏联运动员加·斯杰潘斯卡娅夺得。

在越野滑雪比赛中，苏联队展现出强大的实力，在男女 7 个项目中夺得了 4 枚金牌。其中尼·巴朱科夫和谢·萨维利耶夫分获男子 15 公里、30 公里冠军，拉·斯麦塔妮娜赢得了女子 10 公里金牌，

女子 4×5 公里接力赛的金牌也被苏联队夺得。女子 5 公里、男子 50 公里以及男子 4×10 公里接力的金牌被芬兰选手和挪威选手获得。

在高山滑雪比赛中，联邦德国名将罗西·米特迈尔在女子滑降和女子回转赛中两夺桂冠，仅在女子大回转比赛中以 0.12 秒之差输给了加拿大运动员凯西·克雷纳，屈居亚军。在男子滑降比赛中，东道主选手弗兰茨·克拉默爆冷夺冠，但他在冲过终点线时由于滑降速度太快而失去身体平衡，跌跌撞撞地飞了过去，造就了高山滑雪比赛的经典瞬间。

雪车雪橇项目参赛队伍几乎全部来自欧洲，其中民主德国、联邦德国、奥地利和瑞士包下全部男女 5 个项目的前三名，而成绩更胜一筹的民主德国囊括了全部金牌，成为本届冬奥会中的一大亮点。

在冰球比赛中，苏联队惊险夺冠，第五次获得这项桂冠，而夺冠热门加拿大队和瑞典队因有职业选手参加，被取消了参赛资格。夺标呼声较高的捷克斯洛伐克队在决赛阶段出师不利，出人意外地以 0 : 1 输给波兰队。后该队在多名主力受伤的情况下勇猛顽强，奋力拼搏，但最终在决赛中憾负苏联，摘得该项目的亚军。联邦德国获得了冰球比赛的第三名。

• 金牌榜

名次	国家或地区	金牌	银牌	铜牌	总计
1	苏联	13	6	8	27
2	民主德国	7	5	7	19
3	美国	3	3	4	10
4	挪威	3	3	1	7
5	联邦德国	2	5	3	10
6	芬兰	2	4	1	7
7	奥地利	2	2	2	6
8	瑞士	1	3	1	5
9	荷兰	1	2	3	6
10	意大利	1	2	1	4

五

中国参赛情况

在本届冬奥会中，中国台湾地区派出 18 名男运动员参加了本届比赛。

六

幕后故事

• 两个火炬塔

本届冬奥会最大的亮点之一就是有两个主火炬塔，组委会在场地原有的火炬塔旁特地建设了一个新的火炬塔，以此纪念在因斯布鲁克举行的两次奥运会。

• 第一次后空翻

在本届冬奥会花样滑冰比赛中，来自美国的选手特里・库比卡成功地表演了精彩的后空翻动作，成为冬奥会花滑比赛中首个成功表演后空翻动作的运动员。

• 举办地

因斯布鲁克为 1964 年和 1976 年两届冬奥会的举办地。

• 奥运百科

奥运会的语言

国际奥委会的官方语言是法语和英语。在所有全会上必须提供法语、英语、德语、西班牙语、俄语和阿拉伯语的同声传译。如果《奥林匹克宪章》和任何其他国际奥委会文件的英文本和法文本之间出现差异，则应以法文本为准，除非另有明文规定。

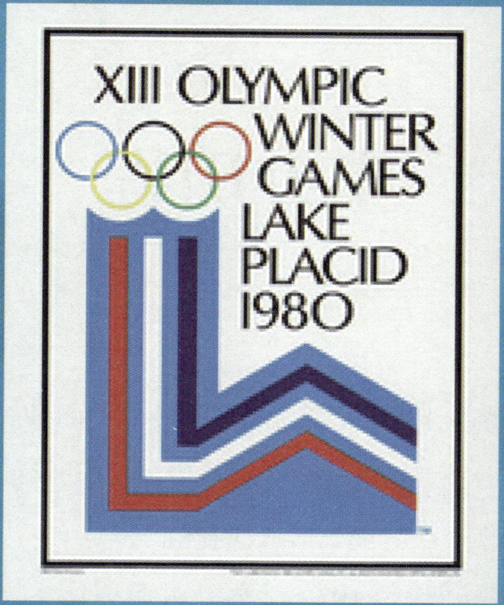

第十三届

1980 年普莱西德湖冬奥会

开幕时间：1980 年 2 月 13 日
闭幕时间：1980 年 2 月 24 日
举 办 地：美国普莱西德湖

一

申办历程

在竞争本届冬季奥运会主办权时，只有美国普莱西德湖和加拿大温哥华提出申办意愿，后来由于温哥华在投票前临时退出，普莱西德湖最终成为唯一申办者，不战而胜。

因为普莱西德湖曾于 1932 年举办过第三届冬奥会，因而成为继圣莫里茨、因斯布鲁克之后第三个两次承办冬季奥运会之地。

二

奥运元素

• 会徽

右侧的山形符号表示奥运会举办区域周围的群山，与左侧的由爱奥尼亚式石柱变形而来的垂直线条相融合，使得人们回忆起现代奥林匹克运动会的发源地雅典。垂线的顶端锯齿变成奥运五环的形状，使得它们看起来好像正从顶部升起。这个锯齿也象征着奥运主火炬，以纪念 1932 年在普莱西德湖举行过的奥运会。

• 运动海报

海报展现了曲棍球运动员运动中的五张照片集锦。这届冬奥会会徽位于海报的左下角。海报上印有“第十三届冬奥会，普莱西德湖 1980”字样。

• 奖牌

奖牌正面，以群山为背景，一只手将奥运火炬高高举起，“第十三届冬奥会”文字和奥运五环分列其左右。背面是一支挂有球果的松枝，上有官方会徽和题字“普莱西德湖 1980”。

• 吉祥物

RONI（罗尼）

这届吉祥物的名字罗尼是由普莱西德湖学校的儿童选择的，它来源于易洛魁族的“浣熊”一词，是美国纽约州的普莱西德湖地区原住民的语言。

• 火炬

本届冬奥会的火炬为青铜色，由金属和皮革制成，长度为 72.5 厘米，火炬的整体设计混合了现代技术并参考了古希腊火炬的设计。火炬的形状像一个碗，其上镶有一个银指环，下部的把手由皮革制成，其上刻有本届冬奥会会徽和铭文“第十三届冬奥会，普莱西

德湖1980”。

火炬手数量：52名

传递总距离：12 824公里

传递路线：希腊—美国

三

开幕式及火炬传递

1980年2月13日下午，冬奥会正式开幕，国际奥委会主席基拉宁出席了开幕式并致辞，美国副总统沃尔特·蒙代尔作为总统代表宣布大会开幕。著名速滑选手埃里克·海登代表运动员宣誓，速滑裁判员泰里·麦克德莫特代表裁判员宣誓。

1980年冬奥会火炬传递队伍的男性和女性加在一起一共只有52人，他们代表着美国不同的州、哥伦比亚特区和普莱西德湖。1980年1月30日，本届冬奥会圣火在希腊奥林匹亚林中点燃，火种被组委会步行送往普拉塔诺斯，然后搭乘火车送往德拉维达机场，最后乘飞机到雅典。午夜时分，火种离开雅典飞往美国。在美国，火炬传递的路线是按美国的历史足迹设计的。火种先飞抵了美国东海岸弗吉尼亚州，即英国移民来北美首先到达的地方，然后借助水路抵达宾夕法尼亚州的约克郡，即美国独立战争最后一役英军投降的地方，再历时9天经过6个州穿越1 600公里，于2月8日抵达普莱西德湖。而本届冬奥会的另一大亮点是点燃体育场主火炬塔的是一位年已 45 岁并有 5 个孩子的普莱西德湖普通市民查尔斯·摩根·克尔博士，主办方试图用这种方式诠释古希腊理想的“全人类”理念。

四

赛事简况

项　目：6 大项 10 分项 38 小项
运动员：1 072 名
志愿者：6 703 名

• 运动员及参赛国家或地区情况

报名参加本届冬奥会的共有来自 37 个国家或地区的 1 072 名运动员，其中女子 232 人，男子 840 人。此外，中国、哥斯达黎加、塞浦路斯首次派代表团参加了本届冬奥会。

• 项目介绍

本届比赛项目除了延续了上届冬奥会的全部比赛项目外，还增加了1项冬季两项10公里个人赛，项目总数变为6大项10分项38小项。

• 成绩之最

本届速滑赛中最耀眼的明星莫过于美国男子速滑运动员埃里克·海登，他包揽了男子全部5个项目的金牌。他先在500米赛中以38秒03刷新奥运会纪录，击败世界纪录保持者苏联的叶·库利科夫，两天后又在5 000米比赛中以7分02秒29的成绩战胜另一世界纪录保持者挪威的凯·斯滕斯耶梅特，夺下第二枚金牌。随后他接连在1 000米、1 500米、10 000米项目中夺冠，并以14分28秒13的成绩创造了10 000米新的世界纪录。他成为奥运历史上第一个在同一届奥运会的单人项目中获得五枚金牌的人，因此被授予第十三届冬季奥运会杰出运动员的光荣称号。

女子速滑比赛的四个项目冠军则被荷兰、民主德国、挪威、苏联均分。苏联著名运动员娜·特鲁谢娃和挪威的布·埃·延森不负众望，分获了 1 000 米、3 000 米冠军。在 500 米比赛中，民主德国运动员卡琳·卡尼亚爆冷获得了金牌，她刚刚由一名花滑运动员转型成为速滑运动员。在 1 500 米比赛中，冰坛默默无闻的荷兰 28 岁的女护士安妮·博尔金克亦是爆冷获得冠军。本届冬奥会男女速滑比赛可谓精彩纷呈，共有 9 个项目 63 人 108 次打破奥运会纪录并重写 1 项世界纪录。

在花样滑冰比赛中，苏联花滑名将伊琳娜·罗德尼娜在男女双人滑中再次夺冠，这是她获得的第三枚奥运金牌。男女单人滑金牌分别为英国罗·卡曾斯和民主德国安·珀奇获得。在冰上舞蹈赛中，苏联依旧展现了超群的实力，在上届冬奥会上取得第四名的纳·利尼丘克和根·卡尔波诺索夫获得该项目冠军。

在越野滑雪赛中，苏联名将尼古拉·齐米亚托夫在男子比赛中取得了优异成绩，他在 30 公里、50 公里和 4×10 公里接力赛中三夺金牌。女子项目则是民主德国的芭芭拉·佩措尔德成绩突出，她在 10 公里和 4×5 公里接力项目中获两枚金牌。此外，民主德国运动员乌尔里希·韦林在比赛中表现同样抢眼，他在北欧两项全能比赛中取胜，是第一位在这项比赛中连续三次夺冠的选手。

被称为“高山王”的瑞典名将英格马尔·斯滕马克在高山滑雪男子回转和大回转赛中收获了两枚金牌。在这两场比赛中，他都是在首轮落后的情况下于第二圈绝地反击，夺得金牌的。与他表现相当的要数该项目女子比赛中的汉尼·文策尔了，她在本届冬奥会中获得两枚金牌、一枚银牌，她所代表的列支敦士登是一个当时只有两万多人口的小国，在本届冬奥会中获两枚金牌、两枚银牌，名列奖牌榜第六。

在雪车雪橇比赛中，老牌强队民主德国依旧保持着在该项目上的优势，最终获得全部五项中的三项冠军。在冬季两项比赛中，苏联获得了 20 公里个人和接力团体冠军，延续了上届冬奥会的辉煌。

冰球比赛一直是人们关注的焦点赛事之一，而本届比赛出现的美苏争霸更是让观众大呼过瘾，将比赛气氛推向高潮。在美苏比赛中，美国队在比分三度落后的不利形势下顽强奋战，结果以 4 : 3 反败为胜，战胜了四冠王苏联队，打破了苏联自 1964 年来垄断冰球冠军的局面。

• 金牌榜

名次	国家或地区	金牌	银牌	铜牌	总计
1	苏联	10	6	6	22
2	民主德国	9	7	7	23
3	美国	6	4	2	12
4	奥地利	3	2	2	7
5	瑞典	3	0	1	4
6	列支敦士登	2	2	0	4
7	芬兰	1	5	3	9
8	挪威	1	3	6	10
9	荷兰	1	2	1	4
10	瑞士	1	1	3	5

五

中国参赛情况

本届冬奥会是中国奥委会1979年在国际奥委会恢复合法席位后首次派队参加的冬奥会，我国派出了由28名男女运动员组成的代表团，参加了滑冰、滑雪、冬季两项等18个单项比赛。但由于我国参赛选手缺乏大赛经验、竞技水平与世界先进水平有较大差距，最终，我国运动员在所参加的18个单项比赛中无一进入前六名。此次冬奥会是中国代表团首次站在世界冬奥会的舞台上，虽然成绩不尽如人意，但对中国奥运却有着里程碑式的意义，也标志着我国冬季运动进入一个新的历史阶段。

六

幕后故事

• 天公不作美

本届冬奥会中，又是雪的问题使组委会大伤脑筋。这年冬季，普莱西德湖雪量颇少，大会只好搞人造雪。但老天好像故意为难似的，人工雪刚造好，在开幕前一天下了一场暴风雪。然而，人造雪和天然雪很难融为一体，组委会又不得不组织大量人力清扫。在组委会的积极努力下，一个个难题得到了妥善解决，赛事得以顺利举行。

• 入选吉尼斯

本届冬奥会男子 15 公里越野滑雪比赛异常激烈，瑞典的托马斯·瓦斯伯格和芬兰的利萨基·米耶托几乎同时到达终点，最终瓦斯伯格以百分之一秒的优势夺得冠军，这作为冬奥会越野滑雪比赛史上冠亚军成绩差距最小的比赛结果，被收入吉尼斯大全。

• 举办地

自 1932 年冬季奥运会在这里召开以后，普莱西德湖这个人口不多（1932 年不足 2 000 人，1980 年为 2 700 人左右）的山间小镇，成为美国冬季运动活跃的场所之一。但是 40 多年过去了，原有的设施已很难适应再度承办奥运会的需要。因此，当冬奥会确定将再度在这里举行后，美国冬季奥运会组委会从 1977 年就开始大兴土木。他们新建了一个奥运村，改建了当地奥林匹克中心滑冰运动场，修建了两个跳雪台以及雪橇滑道等，总耗资达到 1.5 亿美元。

• 奥运百科

奥运会志愿者

奥运会志愿者，是指在奥运会筹备和举办的全过程中以自愿为原则，以志愿服务为基本形式，在奥运会志愿者行动项目体系内，服务他人、服务社会、服务奥运的各界人士。

第十四届

1984 年萨拉热窝冬奥会

开幕时间：1984 年 2 月 8 日

闭幕时间：1984 年 2 月 19 日

举 办 地：南斯拉夫萨拉热窝

一

申办历程

本届冬奥会有南斯拉夫萨拉热窝、瑞典法伦和哥德堡、日本札幌提出申办意愿，最终经过投票，萨拉热窝以较为明显的优势获得了本届冬奥会的举办权，同时也将冬奥会举办地首次带进了社会主义国家。

在取得冬奥会的举办权后，南斯拉夫着手开展各方面的准备工作，不仅新建了奥运村，整修和扩建了比赛场地，还招募了 10 450 名志愿者参与冬奥会的服务工作。萨拉热窝奥组委的悉心安排和努力工作受到了各国好评。时任国际奥委会主席的萨马兰奇曾对本届冬奥会做出过高度评价，他认为本届冬奥会是冬季奥运会 60 年历史上开得最好、最精彩的一届。

二

奥运元素

• 会徽

本届冬奥会的会徽是一朵体现萨拉热窝地区传统刺绣风格的雪花标记，在其上方是奥运五环，下面有“萨拉热窝 1984”字样。

• 运动海报

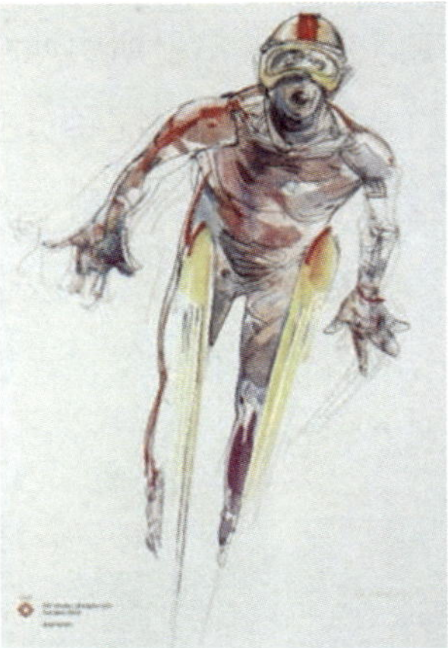

海报主体形象为一名跳台滑雪运动员空中姿态。海报上印有“第十四届冬奥会，萨拉热窝 1984，南斯拉夫”字样。海报左下角印有本届冬奥会会徽。

• 奖牌

奖牌的正面是本届冬奥会的会徽，周围印有“1984 年萨拉热窝冬奥会”字样。反面是一个头戴月桂桂冠的运动员的头像。

位于贝尔格莱德的马伊丹佩克造币厂为本届冬奥会共打造了 285 枚奖牌，其中的 222 枚被颁发给了运动员们。

• 吉祥物

VUČKO（瓦酷）

1984 年冬奥会的吉祥物取自狼的形象，狼是阿尔卑斯山迪纳里克地区森林里的典型动物。本届冬奥会吉祥物试图通过微笑、害怕或者严肃等表情，赋予狼一个亲和友好的形象，一改这种动物平时给人的凶猛残暴的印象，表达了人与动物互为朋友的意涵。

• 火炬

本届冬奥会的火炬颜色金银相间，由木头和金属制成，长度为 57.7 厘米，火炬的手柄上连有一个平台，刻有铭文“萨拉热窝 1984”，在火炬的燃烧管上刻有本届冬奥会的会徽。

火炬手数量：在南斯拉夫大约有 1 600 人

传递距离：南斯拉夫境内 5 289 公里

传递路线：希腊—南斯拉夫

• 纪念币

三

开幕式及火炬传递

本届冬奥会开幕式于1984年2月8日下午2：30在萨拉热窝著名的科舍沃体育场举行。时任国际奥委会主席的萨马兰奇致辞，南斯拉夫联邦主席团主席米·什皮利亚克宣布冬奥会开幕。南斯拉夫高山滑雪运动员博扬·克里萨伊和高山滑雪裁判员德拉根·佩罗维奇分别代表运动员和裁判员宣誓。开幕式的最后，南斯拉夫女子花样滑冰冠军、著名运动员桑德拉·杜布拉夫西奇点燃了体育场内的主火炬塔。

本届冬奥会火种在奥林匹亚采集后，1月29日由希腊运抵南斯拉夫南部城市杜布罗夫尼克。1984年1月30日，火炬在南斯拉夫土

地上开始传递，传递路线分为两条，一条穿过国家东部，另一条穿过西部。火炬从主火炬点亮后，被带到该地区的各个冬季运动场和体育中心。本次传递活动共有约 7 500 人参与，共准备了 89 个本地奥运火炬传递装置，以期尽可能广泛地推广奥运会。

四

赛事简况

项　　目：6 大项 10 分项 39 小项
运 动 员：1 272 名
志 愿 者：10 450 名
媒体人员：7 393 名

• 运动员及参赛国家或地区情况

参加本届冬奥会的共有来自 49 个国家或地区的 1 272 名运动员，其中女子运动员 274 人，男子运动员 998 人。首次参赛的国家或地区有波多黎各、英属维尔京群岛、塞内加尔、摩纳哥、埃及。丹麦和葡萄牙曾报名参加，但在大会开幕前夕退出。尽管如此，本届冬奥会还是以 49 个代表团打破了冬奥会历史上代表团数量的纪录，是当时参与国家或地区最为广泛的一届冬奥会。

• 项目介绍

本届冬奥会共设置了 6 大项 10 分项 39 小项的比赛项目，较上届增加了女子 20 公里越野滑雪赛。

• 成绩之最

在花样滑冰和冰上舞蹈比赛中，观众享受到了一场来自冰上舞者的饕餮盛宴。其中表现最为出彩的是男子单人滑冠军获得者、美国花滑名将斯科特·汉密尔顿，以及英国冰上舞蹈著名组合杰恩·托尔维尔和克里斯托弗·迪安。汉密尔顿的身高仅 1.59 米，体形也并不理想，但他经过不断的刻苦练习，终于步入了世界优秀选手行列，并在 1981 年、1982 年、1983 年接连在世界锦标赛中夺冠。这次在萨拉热窝，他再次登上了冠军宝座。现场观众评价他的表演时说，他那优美的动作可以让观众的心伴随着节奏一起跳动。而来自英国的杰恩·托尔维尔和克里斯托弗·迪安组合在拉威尔的《波莱罗舞曲》中以优美动人的表演征服了所有裁判员，艺术分得到了满分。国际奥委会主席萨马兰奇把两枚金牌挂在他俩胸前时，也对二人的表现连声赞美。在女子单人滑比赛中，民主德国年仅 18 周岁的卡塔尼娜·维特以其新颖的动作编排和出色的表现战胜了美国选手，获得冠军。

在女子速滑比赛中，民主德国成了最大的赢家，包揽了 4 个项目的金牌和银牌。其中成绩突出的是上届冬奥会 500 米金牌获得者、23 岁的卡琳·卡尼亚，她在 1 000 米、1 500 米赛中两次夺魁，并在 1 500 米赛中成为本届冬奥会速滑项目中唯一打破世界纪录的选手。她还在另两项比赛中获得两枚银牌，她的队友克里斯塔·罗滕布格尔和安德烈亚·舍内分夺了 500 米、3 000 米金牌。

在越野滑雪比赛中，瑞典取得了不错的成绩，共夺得3枚金牌。上届冬奥会15公里赛的冠军托马斯·瓦斯伯格此次又摘得了50公里赛的桂冠，22岁的年轻滑雪选手贡德·斯万在15公里赛中取胜，首次获奥运会冠军。他们两人还和另两名队友合作，在接力赛中战胜了上届冠军苏联队，再为瑞典取得了1枚金牌。

在女子越野滑雪比赛中，芬兰28岁老将玛尔娅－利萨·海曼莱宁成了本届冬奥会的一颗耀眼的明星。她先在女子10公里赛中获金牌，又接连在5公里和20公里比赛中夺魁，并成为20公里比赛的第一位女性奥运会冠军。此外，她还在接力赛中取得了第三名，最终共收获了3枚金牌和1枚铜牌，成为本届冬奥会获得金牌最多的运动员。

在高山滑雪比赛中，美国队表现出色，接连夺取了男子滑降、回转和女子大回转三个项目的冠军，这也是当时美国在该项目比赛中成绩最优异的一次。

挪威则在北欧两项比赛中夺回了失去16年之久的冠军，此外他们还获得了冬季两项 10 公里冠军。

冰球比赛共有 12 支队伍参加，上届冠军美国队因在上届冬奥会后大部分队员加入职业队，实力大受影响，仅获第七名，苏联队重回冠军宝座，捷克斯洛伐克队和瑞典队分获银牌和铜牌。

• 金牌榜

名次	国家或地区	金牌	银牌	铜牌	总计
1	民主德国	9	9	6	24
2	苏联	6	10	9	25
3	美国	4	4	0	8
4	芬兰	4	3	6	13
5	瑞典	4	2	2	8
6	挪威	3	2	4	9
7	瑞士	2	2	1	5
8	联邦德国	2	1	1	4
8	加拿大	2	1	1	4
10	意大利	2	0	0	2

五

中国参赛情况

本届冬奥会是中国奥组委继 1980 年首次派队参加冬奥会之后，第二次派队参加。本届冬奥会中国代表团由 37 名运动员组成，参加了滑冰、滑雪、冬季两项中26个单项的比赛。中国台北奥委会也派出了14名运动员，参加了有舵雪橇、运动雪橇、冬季两项等比赛，这是海峡两岸中国选手第一次同时参加奥运会。虽然这次中国队比赛成绩平平，并没有运动员取得奖牌，但许多项目成绩均超过上届，显示出4年来中国冰雪运动取得的进步。

六

幕后故事

• 闭幕式

2月19日晚上8时，本届冬奥会落下了帷幕。在闭幕式上，萨拉热窝奥组委极有创意地让4个本届冬奥会的吉祥物和4个下届冬奥会的吉祥物紧紧地搂抱在一起，象征着友谊和团结，这引来现场观众的热烈反响，也标志着萨拉热窝冬奥会的圆满落幕。

• 友谊纪念章

本届冬季奥运会组委会与夏季奥运会洛杉矶组委会经过磋商后达成协议，联合发行了友谊纪念章，这是奥运会历史上的第一次。

• 冬奥会走进社会主义国家

1969 年联合国教科文组织科学讨论会在萨拉热窝举行，一些代表认为萨拉热窝的地理环境和地理条件非常适合举办冬奥会，南斯拉夫从此开始准备申办事宜，并向国际奥委会提交了第十四届冬奥会的申办报告，在 1978 年国际奥委会的表决中以多票当选。南斯拉夫政府对本届冬奥会无比重视，从 1980 年开始先后改建了两个体育中心，修建了两个奥运村和多处滑雪场地，总耗资达 1.4 亿美元。1984 年萨拉热窝冬奥会是冬奥会历史上第一次在社会主义国家举办。

• 举办地：萨拉热窝

萨拉热窝建于 1263 年，在萨瓦河支流博斯纳河上游附近，群山环抱，风景秀丽。二战后，萨拉热窝曾是南斯拉夫社会主义联邦共和国的波斯尼亚与黑塞哥维那社会主义共和国的首都。城市周围山峦起伏，积雪期长达半年，有时即使到了 5 月，山上仍有雪花飘飞。这座名城，既是第一次世界大战爆发地，又是南斯拉夫人民在第二次世界大战时反击法西斯的光荣之城。二战后，它又以举办第三十二届世界乒乓球锦标赛、1983 年世界杯滑雪赛等世界性体育赛事而闻名于世界体坛。

• 奥运百科

奥运会会期

经国际奥委会罗马会议决定，第十届奥运会于 1932 年 7 月 30 日至 8 月 14 日在美国洛杉矶举行。这届奥运会首次限定在两个多星期内进行，使会期开始走向规范化。自 1932 年洛杉矶夏季奥运会之后，国际奥委会规定，奥运会的期限包括开幕式在内，不得超过 16 天，从而结束了以前那种马拉松式的奥运会。从 1900 年到 1928 年，历届奥运会的会期都没有短于 79 天的。而自 1932 年以后，各届奥运会的会期均被控制在了 16 天之内。

第十五届

1988 年卡尔加里冬奥会

开幕时间：1988 年 2 月 13 日

闭幕时间：1988 年 2 月 28 日

举 办 地：加拿大卡尔加里

一

申办历程

申请举办第十五届冬奥会的共有瑞典的法伦、意大利的科蒂纳丹佩佐和加拿大的卡尔加里，最终经过投票，曾于 1964 年和 1968 年两次申奥未果的卡尔加里胜出，将冬奥会第一次带到了加拿大。

卡尔加里在成功申办冬奥会以后，开始了为期 6 年的筹备工作，兴建了包括奥林匹克椭圆馆在内的许多运动场馆与设施，其中奥林匹克椭圆馆是世界上第一个有 400 米速滑跑道的全封闭场馆，并使用计算机控制的人工造雪机，成功解决了由于天气原因造成比赛场地冰雪不稳定的烦恼，这也在冬奥会史上留下了重要的一笔。此外，本届冬奥会的其他比赛设施也堪称一流，组织工作极为出色。为此，国际奥委会主席萨马兰奇向本届冬奥会组委会授予了奥林匹克金质奖章。

二

奥运元素

• 会徽

作为本届冬奥会的徽章，它的主体由一个抽象的雪花构成，其下是奥运五环，主体图案也可看作一片抽象的枫叶——加拿大的国家标志。同时这个图案也可以看作由不同方向的字母“C”组成，代表着加拿大（Canada）和卡尔加里（Calgary）。

• 运动海报

海报展现了造型特别的山峰、滑雪者以及靴子。右侧有本届冬奥会会徽，配以英法双语文字“1988 年卡尔加里冬奥会”。

• 奖牌

奖牌正面是本届冬奥会的会徽，周围印有英法两种语言的“第十五届冬奥会”和英文“卡尔加里 1988”；背面是两个头像，一个是头戴橄榄枝花环的运动员，另一个是头戴装饰有滑雪杖、滑雪板、冰刀片、平底雪橇和来复枪图案的印第安人。

• 吉祥物

HIDY AND HOWDY（海迪和好迪）

两个吉祥物的名字代表了卡尔加里地区的热情好客。Hidy 是英语单词“hi”的扩展。Howdy 是“How do you do”的缩写，“How do you do”是一种典型的美国西部问候方式。这些名字是通过比赛挑选出来的。比赛由卡尔加里当地的动物园组织，评委是由当地公民陪审团担任的，这场比赛共收录了近 7 000 个吉祥物的名字。这是奥运会第一次出现雌性吉祥物，也是第一次同时出现两个吉祥物。

• 火炬

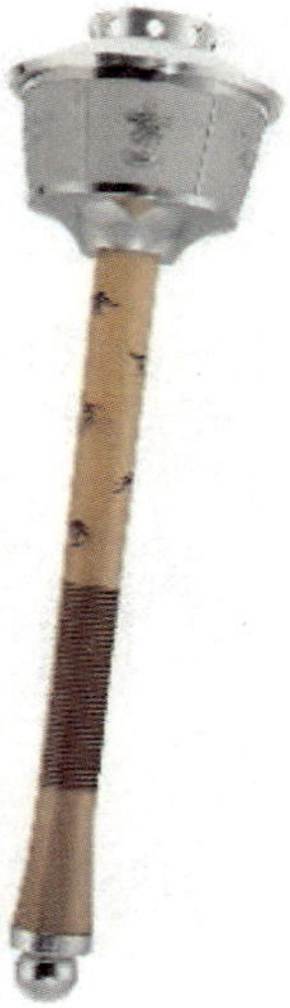

本届冬奥会的火炬颜色为银色、棕色相间，配置了铝制点火器和枫木制的手柄，长度为60厘米，火炬的形状是依据卡尔加里塔设计的，在火炬的手柄上用激光刻有铭文“第十五届冬奥会，加拿大阿尔伯塔，卡尔加里1988”和奥林匹克格言“更快，更高，更强”以及奥运会会徽和10个体育图标。

火炬手数量：加拿大境内6 520人

传递距离：加拿大境内约18 000公里

传递路线：希腊—加拿大

• 纪念币

在举办本届冬奥会前，加拿大政府做了充足的准备。为了纪念冬奥会首次来到冰雪强国加拿大，加拿大先后发行了面值20加元的纪念银币10款，面值100加元的纪念金币1款，纪念币上的图案几乎涉及了所有冰雪运动项目。

三

开幕式及火炬传递

1988 年 2 月 13 日下午，本届冬奥会在卡尔加里大学的麦克马洪体育场开幕。时任国际奥委会主席的萨马兰奇致辞，加拿大总督扬娜·索维夫人宣布冬奥会开幕，加拿大越野滑雪运动员皮埃尔·哈维和花样滑冰裁判员苏珊娜·莫罗·弗朗西斯分别代表运动员和裁判进行了宣誓。加拿大 12 岁的业余滑冰运动员罗宾·蓓莉点燃了圣火。

奥运圣火于 1987 年 11 月 15 日在希腊奥林匹亚赫拉神庙点燃后，先抵达安兹拉维扎，在那里飞往雅典，再从雅典被空运到加拿大。11 月 17 日圣火到达了加拿大东岸纽芬兰省的圣约翰，从这里开

始了奥运史上里程最长的、为期88天的火炬接力长跑。长跑路线东起纽芬兰，西至维多利亚岛，南到美加边境，北至北极圈，全程1.8万公里，参加火炬接力的火炬手达6 520人。1988年1月19日，圣火曾到达北极圈的伊努维克，并在气温低于零下30度的当地完成了传递。

四

赛事简况

项　　目：6大项10分项46小项
运 动 员：1 423名
志 愿 者：9 498名
媒体人员：6 838名

• 运动员及参赛国家或地区情况

参加本届冬奥会的共有来自57个国家或地区的1 423名运动员，其中女运动员301名，男运动员1 122名。首次参加冬奥会的国家或地区有斐济、牙买加、危地马拉、荷属安的列斯群岛、美属萨摩亚和美属维尔京群岛。

• 项目介绍

本届冬奥会共设有 6 大项 10 分项 46 小项的比赛，除了保留高山滑雪、越野滑雪、冬季两项、跳台滑雪、冰球、花样滑冰、速滑、有舵雪橇、无舵雪橇等比赛项目外，还新增了高山滑雪男女全能、男女超大回转、北欧两项团体、跳台滑雪团体和女子 5 000 米速滑等小项，共产生 46 枚金牌。冰壶、自由式滑雪和短道速滑三个项目成为表演项目。

• 成绩之最

在速滑的 10 个项目比赛中，有 82 人 148 次打破了 9 项奥运会纪录和世界纪录，这在冬奥会史上还是第一次。其实这些纪录的打破要感谢组委会将比赛转移到了室内进行，室内的比赛避免了许多外界的干扰。此外在冰面上添加了润滑剂，为创造新的世界纪录提供了硬件条件。在女子比赛中，荷兰女选手伊·范根尼普击败民主德国多位名将，接连获得 1 500 米、3 000 米和 5 000 米 3 枚金牌，并打破 1 500 米的奥运会纪录和 3 000 米的世界纪录，成为本届冬奥会的风云人物。美国的布莱尔以 39 秒 10 的成绩打破女子 500 米速滑世界纪录。在男子比赛中，民主德国运动员梅伊在 500 米比赛中以 36 秒 45 的成绩创造了新的世界纪录。瑞典运动员托马斯·古斯塔夫松在男子 5 000 米、10 000 米比赛中双破世界纪录。他以 13 分 48 秒 20 的成绩打破了男子 10 000 米速滑世界纪录，还与荷兰的里奥·菲瑟、杰拉德·肯克斯分别以 6 分 44 秒 63、6 分 44 秒 98 和 6 分 45 秒 92 的成绩打破了男子 5 000 米速滑 6 分 47 秒 01 的世界纪录。

在女子单人花样滑冰项目中，金牌之争是在民主德国的卡塔尼娜·维特和美国名将黛布拉·托马斯之间进行的，她们都选用了歌剧《卡门》中的乐曲，最终美国选手托马斯出现动作失误痛失金牌。男子单人花样滑冰项目的冠军争夺在加拿大选手奥塞和美国选手博伊塔诺之间进行，奥塞因微小失误而惜败。苏联运动员在冰上舞蹈和双人滑比赛中再次显示了强劲的实力，夺得两枚金牌、两枚银牌。

在其他项目比赛中，民主德国运动员包揽了无舵雪橇所有项目的金牌，冬季两项 10 公里、20 公里的冠军也均被民主德国选手弗兰克·彼得·勒奇夺得。意大利运动员艾伯托·汤巴和瑞士运动员弗雷尼·施奈德在高山滑雪男女回转、大回转中双双取胜。瑞典运动员贡德·斯万和苏联运动员塔玛拉·吉洪诺娃在男女越野滑雪赛中各获两枚金牌。芬兰运动员马蒂·尼凯宁和荷兰运动员范根尼普分别在跳台滑雪和女子速滑中各三次夺冠，金牌数并列本届冬奥会个人金牌榜首。

冰球比赛冠军仍被老牌劲旅苏联队获得，芬兰队虽在 1 ~ 6 名决赛中以 2 : 1 战胜苏联队，但由于积分少于苏联而获得亚军，这也是芬兰队在世界大赛中取得的最好成绩。瑞典队获得了第三名。

- **金牌榜**

名次	国家或地区	金牌	银牌	铜牌	总计
1	苏联	11	9	9	29
2	民主德国	9	10	6	25
3	瑞士	5	5	5	15
4	芬兰	4	1	2	7
5	瑞典	4	0	2	6
6	奥地利	3	5	2	10
7	荷兰	3	2	2	7
8	联邦德国	2	4	2	8
9	美国	2	1	3	6
10	意大利	2	1	2	5

五

中国参赛情况

本届冬奥会中国共派出了 15 名运动员，参加了速滑、花样滑冰、越野滑雪 3 个分项 18 个小项的比赛。台湾地区 13 名运动员参加了滑雪、花样滑冰、有舵雪橇和无舵雪橇等项目的比赛。中国运动员李琰在本届冬奥会女子短道速滑表演赛中获 1 000 米金牌、1 500 米铜牌，使得五星红旗首次在冬奥会赛场上升起。速滑的比赛成绩也有明显提高，王晓燕在女子 5 000 米比赛中获得第 16 名，张青在女子 3 000 米比赛中获得第 21 名。通过本届冬奥会，中国运动员看到了自己的潜力，增强了信心，为实现冬奥会正式项目比赛奖牌零的突破打下了基础。

六

幕后故事

• 冬奥会走进加拿大

这是冬奥会第一次在加拿大举办。也是在这一届，冬奥会的比赛周期延长至 16 天，持续两周多。冬奥会举办期间，卡尔加里洋溢着喜悦的气氛，比赛期间举办的艺术节更是增加了节日和文化氛围。

• 人工造雪

本届冬奥会的高山滑雪比赛是在一块完全采用人工造雪的场地上进行的。

• 表演项目

冰壶在这届奥运会上又一次成为表演项目。在第一、三、四届冬奥会时，冰壶曾作为表演项目被呈献给广大观众。

• 转战室内

在本届冬奥会中，速滑比赛全部由室外场地转移到了室内体育场进行，避免了天气因素对于比赛的不利影响。

• 禁烟的冬奥会

本届冬奥会组委会向各国代表团下达了正式的禁烟令，成为第一次完全禁烟的奥运会。

• 举办地

卡尔加里一词意为“清澈流动的水”。卡尔加里（又称卡城）是加拿大阿尔伯塔省经济、金融和文化中心。它依靠石油和天然气带动经济飞速发展，使得世界上很多能源公司都在这里设有常驻机构，或将其在加拿大的总部设在这里，因此卡尔加里成为加拿大的能源中心，也是北美的第二大能源中心。卡尔加里于 2012—2015 年连续三年被《经济学人》排在全球最宜居城市排行榜的第五位，多次被评为“世界上最干净的城市”。本届冬奥会作为赛场的室内滑冰场就位于知名学府卡尔加里大学的校区内。

卡尔加里紧靠落基山脉，所以气候受落基山脉影响很大，四季分明，在全加拿大气候宜人程度排名中名列第三。全年阳光充足、没有连绵的雨季也是它吸引游客的一大特质。

• 奥运百科

奥运村

1924 年第八届夏季奥运会在巴黎举行，主办者第一次将参加者集中安置在特意建造的木制房屋里，这就是最早的奥运村。

从 1932 年洛杉矶夏季奥运会开始，为各国参赛人员提供奥运村成了一个传统。《奥林匹克宪章》第 42 条规定，为了使所有的运动员、运动队以及官员和其他工作人员住在一起，奥运会组委会应提供一座至少从奥运会开幕式前两周至闭幕式后 3 天期间可入住的奥运村，并规定奥运村的位置应在主体育场、练习场的附近，奥运村应设有餐厅、医院、商店以及文化娱乐中心等辅助设施。

第十六届

1992 年阿尔贝维尔冬奥会

开幕时间：1992 年 2 月 8 日

闭幕时间：1992 年 2 月 23 日

举 办 地：法国阿尔贝维尔

一

申办历程

提出申办本届冬奥会的有保加利亚的索菲亚、瑞典的法伦、挪威的利勒哈默尔、美国的安克雷奇、意大利的科蒂纳丹佩佐、德国的贝希特斯加登和法国的阿尔贝维尔。1986 年 10 月 17 日国际奥委会于洛桑举行第 91 届全会，经过投票表决，阿尔贝维尔赢得了本届冬奥会的主办权。

特别值得一提的是本届冬奥会筹委会副主任委员是法国滑雪金牌选手基利，他曾向国际奥委会保证以他多次参加冬奥会的经验，要承办一届最完美的冬奥会。在筹委会的组织下，本届冬奥会的赞助商与国际奥委会、筹委会签订了约 58 项赞助计划，同时还招募了 8 647 名志愿者为本届冬奥会服务，因此各项筹备工作进行得比较顺利，为本届冬奥会的圆满成功奠定了基础。

二

奥运元素

• 会徽

本届冬奥会会徽由代表萨瓦地区颜色的奥林匹克火焰构成，并且与阿尔贝维尔冬奥会的三个主要特点——山地、现代性、运动相契合。

• 运动海报

海报主体形象为一对花样滑冰运动员在冰上旋转舞动。海报顶部印有“花样滑冰，艺术的”字样，左侧印有“阿尔贝维尔”字样、花样滑冰的象形图以及“第十六届冬奥会，法国萨瓦”字样。海报底部印有本届冬奥会会徽。

• 奖牌

本届冬奥会奖牌是完全用手工制作的，也是首次使用金、银、铜嵌在玻璃上的方式打造而成的。其对细节的完美追求展现了制作工艺的精细复杂，每一块奖牌都凝聚着35个人的匠心巧工，最终拉利克工厂花费了数百个小时才完成了全部330块奖牌的制作。

正面的主体图案为奥运五环，背景为一个渐变的山谷，整体形成一种透视远景的视觉效果。在奖牌的上部分是浮雕造型的月桂枝，并同时用法文和英文刻着“第十六届冬奥会”及英文“阿尔贝维尔1992”字样。

• 吉祥物

MAGIQUE（奇迹）

本届冬奥会的组委会出资举行了多次研讨会来为吉祥物确定名字，但给出的几个名字最终却都未入选。后来，在回顾了吉祥物的创造者的想法后，大家发现MAGIQUE（魔法，奇迹）反复出现好多次，最终组委会决定以之来命名吉祥物。

• 火炬

本届冬奥会的火炬为银色，由合金钢制成，长度为 41 厘米，火炬上刻有铭文“第十六届冬奥会，阿尔贝维尔 1992”和奥运五环的图案。

火炬手数量：约 5 500 人

传递总距离：约 5 700 公里

传递路线：希腊—法国

• 纪念币

三

开幕式及火炬传递

本届冬奥会于 1992 年 2 月 8 日下午 5 时开幕。开幕式由本届冬奥会组委会副主任委员基利主持，时任法国总统的密特朗宣布大会开幕，时任国际奥委会主席的萨马兰奇致辞。法国著名花样滑冰运动员舒丽雅·鲍娜丽和高山滑雪裁判员皮尔·伯纳特分别代表运动员和裁判员宣誓。本届冬奥会开幕式最后，法国足球明星米歇尔·普拉蒂尼以及阿尔贝维尔的一个男孩基里尔·格朗日共同点燃主火炬。将点燃圣火的荣誉交由夏季项目运动员，这在冬奥会史上还是第一次。

1991 年 12 月 13 日，本届冬奥会圣火在奥林匹亚点燃，12 月 14 日被空运至法国巴黎。从巴黎开始，由数千名 15 至 20 岁的青少年相继传递，经过法国 22 个地区 60 个城市，于 2 月 4 日传递到阿尔贝维尔。本次火炬传递的目的是尽可能覆盖法国全境，特别是人口最多的萨瓦地区。火炬在法国传递了 57 天，呼应了阿尔贝维尔冬奥会设置的 57 个项目。圣火到达法国后的第一位火炬手是凯瑟琳·马歇尔，她在 1990 年获得了自行车世界冠军。当天晚上，火炬到达香榭丽舍大街，当晚有 200 000 人观看了火炬传递仪式。12 月 28 日，圣火到达了勒阿弗尔和鲁昂之间的诺曼底，火炬被放置在米尔维勒城堡。在那里，来自各行各业的约 1 500 人共同参加了纪念皮埃尔·德·顾拜旦的仪式，顾拜旦曾在这座城堡里度过了一段美好的童年时光。

四

赛事简况

项　　目：6 大项 12 分项 57 小项
运 动 员：1 801 名
志 愿 者：8 647 名
媒体人员：5 894 名

• 运动员及参赛国家或地区情况

本届冬奥会共有来自 64 个国家或地区的 1 801 名运动员参加比赛，其中女运动员 488 名，男运动员 1 313 名。首次参加冬奥会的国家或地区有阿尔及利亚、百慕大、巴西、哥伦比亚、克罗地亚、洪都拉斯、爱尔兰、斯洛文尼亚和斯威士兰。此次冬奥会，从南斯拉夫分离出来的克罗地亚和斯洛文尼亚单独组队参赛，原苏联爱沙尼亚、拉脱维亚和立陶宛三国均再次独立组队出席。苏联解体后由俄罗斯、白俄罗斯、乌克兰、哈萨克斯坦、乌兹别克斯坦五国组队，以独联体名义参加，共派出 141 名运动员。东道主法国派出了 145 名选手，居各国家或地区派出的运动员人数之首。

• 项目介绍

本届冬奥会的比赛项目有了大幅度增加，出现了划时代的变化。项目数量由上届的6大项10分项46小项，增加到6大项12分项57小项。新增设的11个小项分别是：越野滑雪男子10公里、女子30公里，短道速滑男子1 000米和5 000米接力以及女子500米和3 000米接力，自由式滑雪男子和女子雪上技巧，女子冬季两项7.5公里、15公里、3×7.5公里等。此外，本届冬奥会还有几项表演赛：冰壶、速度滑雪和自由式滑雪空中技巧等。

• 成绩之最

在本届冬奥会的各项比赛中，各国选手均表现不俗，赛况异常激烈，奖牌榜不断变化。其中德国队以10枚金牌夺得奖牌榜首位，独联体队共获9枚金牌总计23枚奖牌，排名奖牌榜第二位。挪威此次取得了优异成绩，比赛中除了乌尔万格和代赫利在越野滑雪中包揽5金外，还在男子高山滑雪、男子速度滑冰赛中各获两枚金牌，使挪威金牌总数达到了9枚，与独联体并列金牌数第二。这是挪威自1924年参赛以来获得奖牌数量最多的一次。

在本届冬奥会中，亚洲选手取得了历史性突破，改写了冬奥会历史上奖牌榜的格局，对冰雪运动老牌强国的地位造成了一定的冲击。其中中国、韩国、日本、朝鲜共获得3枚金牌、6枚银牌、6枚铜牌共15枚奖牌，韩国运动员获得了男子短道速滑两项冠军，并打破世界纪录。

在运动员奖牌榜中，独联体女子越野滑雪运动员利乌波夫·耶格娜娃在15公里比赛中获得了她的首枚金牌，后又连收两金，夺得三枚金牌。男子越野滑雪项目的五枚金牌均被挪威选手夺得，在男子越野滑雪赛中各三次夺魁的挪威选手维加德·乌尔万格和代赫利（包括两人均参与的接力赛），与利乌波夫·耶格娜娃三人所获金牌数量并列本届冬奥会个人榜首。美国女子速滑运动员布莱尔勇夺500米和1 000米两项短距离比赛冠军。而德国的贡德·尼曼则在女子3 000米和5 000米两项长距离项目中称雄。芬兰16岁的小将托尼·尼米宁在跳台滑雪比赛中两夺金牌，成为获得冬奥会男子项目

冠军年龄最小的运动员。在男子冬季两项比赛中，德国的马克·基希纳获得一金一银，成为第一位在冬季两项全部三个单项比赛中都获得过奖牌的运动员。奥地利的高山滑雪选手佩特拉·克隆伯格夺取了女子全能和回转两项冠军。

参加冰球比赛的有12支队伍，分在两个小组进行。随着各参赛队伍水平越来越接近，比赛日趋激烈。最后，独联体队获得冠军，加拿大、捷克斯洛伐克分获第二、三名。

本届冬奥会的奖牌分布更加分散，共有20个国家或地区获得奖牌，中国、韩国、卢森堡、新西兰均是首次获奖。

• 金牌榜

名次	国家或地区	金牌	银牌	铜牌	总计
1	德国	10	10	6	26
2	独联体	9	6	8	23
3	挪威	9	6	5	20
4	奥地利	6	7	8	21
5	美国	5	4	2	11
6	意大利	4	6	4	14
7	法国	3	5	1	9
8	芬兰	3	1	3	7
9	加拿大	2	3	2	7
10	韩国	2	1	1	4
…	…	…	…	…	…
15	中国	0	3	0	3

五

中国参赛情况

本届冬奥会，中国代表团派出了由 34 名运动员组成的代表团，参加了滑雪、滑冰、冬季两项等项目的比赛。在比赛中，中国健儿不畏强手、奋力拼搏，共获银牌三枚，一项第四名。这是中国自 1980 年首次参加冬奥会的 12 年来，首次实现了奖牌“零的突破”。李琰为中国队夺得一枚短道速滑银牌，年仅 15 岁的花样滑冰运动员陈露战胜众多欧美名将取得了第六名。女子速滑女选手叶乔波，在比赛中带伤上阵，顽强拼搏，夺得 500 米和 1 000 米两个项目的银牌。虽然她并未取得金牌，但她所表现出来的不屈不挠的精神感染着每一位运动员、每一位国人！

六

幕后故事

• 艾伯托·汤巴卫冕

在本届冬奥会高山滑雪大回转项目的比赛中，1988 年冬奥会男子回转和大回转两枚金牌获得者意大利运动员艾伯托·汤巴成功卫冕，成为奥运会历史上第一位在高山滑雪项目中成功卫冕的运动员。此外，他还在本届冬奥会回转项目中获得银牌。

• 传奇的诞生

在本届冬奥会的越野滑雪比赛中，意大利 15 岁小将斯特凡妮娅·贝尔蒙多第一次站在了冬奥会的赛场上，来自家乡的民众来到现场为她加油，这既是她的动力，也给她带来了很多无形的压力。在 15 公里比赛中只排第五，在 5 公里比赛中名列第四，接力比赛中获得铜牌，组合式滑雪夺银，始终与金牌擦肩而过。终于，在最后一项 30 公里的比赛中，她顶住压力，不负众望，以绝对优势获得该项目金牌，回馈了家乡父老对她的支持和喜爱。自此，贝尔蒙多开始了她在冬奥会舞台上的传奇经历，截至 2002 年，她已累计在冬奥会上获得两金、两银、四铜，这使她成为当时冬奥会历史上获得奖牌最多的运动员之一。

• 场地最分散的冬奥会

在本届冬奥会全部 57 个比赛项目中，只有 18 个项目是在阿尔贝维尔本地举行的，其余的比赛项目在分布于阿尔贝维尔及其东南共 1 000 平方公里的奥林匹克公园内的 13 个比赛场馆进行，这届冬奥会成为有史以来场地最分散的一届。

• 举办地

1992 年冬奥会的举办地是位于法国萨瓦省的城市——阿尔贝维尔。同时，这一次冬奥会也是最后一次与夏季奥运会在同一年举行的冬季奥运会。阿尔贝维尔位于阿尔利河畔，靠近阿尔利河与阿尔卑斯山脉伊泽尔河的汇合处，拥有悠久的历史、美丽的自然风光和浓郁的艺术氛围，它于 2003 年春季被评为“艺术和历史之镇”。阿尔贝维尔的瓦努瓦斯国家公园是著名的高山旅游区，有多处现代化冰雪运动设施、大型体育场和滑雪道。

• 奥运百科

奥运会的举办地点、场所和场馆

除了得到国际奥委会执行委员会授权在主办国其他城市、场所或场馆组织某些项目的比赛，所有项目的比赛都必须在奥运会主办城市进行。开幕式和闭幕式也必须在主办城市举行。任何比赛项目或其他任何活动在非主办城市举行的地点、场所和场馆都必须经过国际奥委会执行委员会批准。

对于冬奥会，如果由于地理和地貌原因而无法在主办城市所在国家的其他地方组织某些分项或小项的比赛，国际奥委会可以根据特殊情况允许与主办国邻近的国家举办这些比赛。

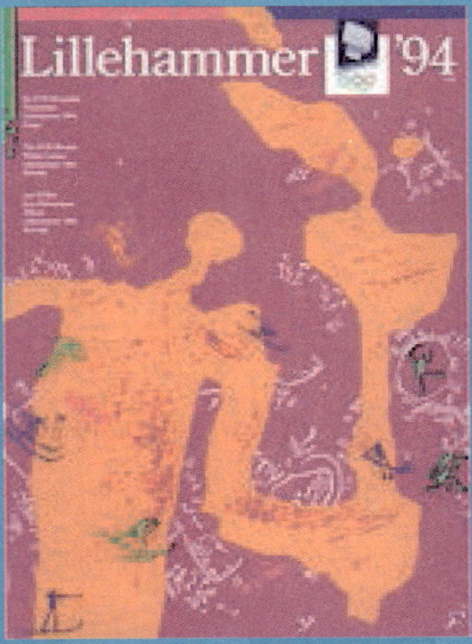

第十七届

1994 年利勒哈默尔冬奥会

开幕时间：1994 年 2 月 12 日

闭幕时间：1994 年 2 月 27 日

举 办 地：挪威利勒哈默尔

一

申办历程

提出申办本届冬奥会的城市有挪威的利勒哈默尔、瑞典的厄斯特松德和奥勒、美国的安克雷奇和保加利亚的索非亚。最终，在1992年冬奥会申办中以微弱差距失利的利勒哈默尔赢得了本届冬奥会的举办权。

挪威是冰雪运动强国，曾在冬奥会上取得过辉煌的成绩。因此，当冬奥会再次回到挪威时，各国均对本届冬奥会充满了信心与期待。虽然利勒哈默尔是挪威的一个小城镇，居民仅两万多人，但市政府的支持和直接管理以及国家的支持使得各项筹备工作进展得非常顺利。利勒哈默尔新建了体育馆、花样滑冰馆、冰球馆等众多可重复利用的场馆。这些场馆不仅符合比赛要求，还有会议室、停车场、保龄球馆等众多配套设施，保证了场馆在冬奥会结束以后的正常运营能力，极大程度地避免了场馆与资金的浪费。

二

奥运元素

• 会徽

本届冬奥会会徽由北极光、奥运五环、雪花晶体和“利勒哈默尔 1994”标题元素组合而成，它的设计灵感来源于大自然，如天空和白雪。由于挪威位于极北的位置，北极光是这里一种特别的自然现象，它蕴含着一股神秘的力量，主体颜色为钴蓝色和白色。

• 运动海报

海报以一张模糊的照片展现了一名速滑运动员的形象。海报右下角印有速滑以及短道速滑的象形图，左下角为本届冬奥会会徽，会徽旁用挪威语、英语和法语三种语言印有“第十七届冬奥会，利勒哈默尔 1994，挪威”字样。

• 奖牌

奖牌的设计者因耶尔·哈内伍德说她的设计初衷是希望设计出一款“幽默诙谐又不失严肃，并且易于识别”的奖牌，这个设计是“对挪威元素层层深入的解读”。她最令人惊喜的创新之处在于使用了花岗岩作为奖牌的基础材料。“我尝试创造一些反映挪威人喜好的东西，比如自然。在我们的城市中有大量的花岗岩，它的美正体现在它的简约质朴之中。同时我认为多亏有其他元素——金、银、铜成分的配合，奖牌整体上非常具有设计感。”

• 吉祥物

HAAKON AND KRISTIN（哈肯和克里斯汀）

本届吉祥物的名字来源于 13 世纪的历史人物哈肯六世哈肯森（Haakon VI Haakonson）。他是 1217 年到 1263 年在位的挪威国王，而女王克里斯汀（Kristin）是他的姑姑。这两个人物的命运与挪威和利勒哈默尔地区紧紧相连。

• 火炬

本届冬奥会的火炬为棕色、银色和金色相间，由木头、铁和铜制成，长度为 152 厘米，火炬上刻有铭文“第十七届冬奥会，利勒哈默尔 1994”和本届冬奥会的会徽。火炬的上部是铝制的烟火系统，下部铜质部分刻有运动象形图案。火炬整体由长木柄和金属片组成，桦木手柄象征着挪威的传统文化，而抛光的铝制片反映了其工业和技术的现代性，选择弯曲的细长造型则是为了与携带它的人形成一个和谐的整体。

火炬手数量：约 6 000 名

传递总距离：6 500 公里

传递路线：希腊—德国—丹麦—芬兰—瑞典—挪威

三

开幕式及火炬传递

1994 年 2 月 12 日下午 4 时，第十七届冬奥会开幕式在利勒哈默尔奥林匹克公园举行，有 4 万名观众出席了开幕式。开幕式由一个 8 人构成的“家庭”主持，男主人是挪威著名的人类学家、探险家 80 岁高龄的托尔·海亚达尔，女主人是著名影星、作家、国际儿童基金会友好使者利夫·乌尔曼，家庭成员还包括 6 名儿童。挪威国王哈拉尔德五世宣布大会开幕，国际奥委会主席萨马兰奇致辞。他在致辞中回顾了十年前在萨拉热窝举办冬奥会的美好场景，对正在饱受战争之苦的萨拉热窝人民表示了深切的关怀，他呼吁“停止战争、放下武器”，并号召观看比赛和开幕式的人们为萨拉热窝静默一分钟。挪威越野滑雪运动员维加德·乌尔万格和花样滑冰裁判卡里·卡林分别代表运动员和裁判员进行了宣誓。开幕式最后，挪威王子哈肯·马格努斯点燃了主火炬。

本届冬奥会火炬于 1994 年 1 月 16 日在希腊奥林匹亚点燃，火炬传递经过了德国多个城市如斯图加特、路德维希堡、埃斯林根、卡尔斯鲁厄、杜塞尔多夫、温特贝格、赫恩、埃森、多特蒙德、杜伊斯堡、格雷弗拉特和汉堡，最终被送到科隆大学。在那里举行了奥运火炬塔的点火仪式，以纪念 1936 年奥委会秘书长及火炬传递的发起人卡尔·迪姆。其后火炬继续传递，经过哥本哈根、赫尔辛基、斯德哥尔摩、奥斯陆，最后到达利勒哈默尔。火炬传递历时四周，有约 6 000 人参加了火炬接力传递活动，其中包括 12 个国家的 30 位著名运动员。此外，除了希腊传递过来的火炬之外，还有一组火炬的火种取自挪威南部山区莫尔达格尔，采用击石取火的方式点燃。火炬传递途中，与各地的娱乐活动相结合，有 3 000 名艺术工作者、4 000 名职业或半职业演艺人员参与各种表演，还有艺术、绘画、舞蹈和音乐等与之配合，形成了较具规模的奥林匹克艺术节。

四

赛事简况

项　　目：6 大项 12 分项 61 小项
运 动 员：1 737 名
志 愿 者：9 054 名
媒体人员：6 633 名

• 运动员及参赛国家或地区情况

参加本届冬奥会的共有来自 67 个国家或地区的 1 737 名运动员，其中女选手 522 名，男选手 1 215 名。首次参加冬奥会的国家或地区有亚美尼亚、白俄罗斯、波斯尼亚和黑塞哥维那、格鲁吉亚、以色列、哈萨克斯坦、吉尔吉斯斯坦、特立尼达和多巴哥、乌克兰、乌兹别克斯坦、斯洛伐克、摩尔多瓦，以及俄罗斯。

• 项目介绍

本届冬奥会的竞赛项目共设 6 大项 12 分项 61 小项，较上届冬奥会相比小项数目上略有增加。新增加的小项是自由式滑雪中的男女空中技巧以及短道速滑中的男子 500 米和女子 1 000 米两项。

• 成绩之最

本届冬奥会的各项赛事竞争激烈，异彩纷呈，为观众带来了一场冬季体育运动的饕餮盛宴。纵览本届冬奥会，在新增加的男子 500 米短道速滑比赛中，金牌被韩国选手蔡智薰获得，新增的女子 1 000 米短道速滑的冠军同样被韩国选手金利卿获得。此外，韩国队还获得了男子 1 000 米短道速滑以及女子 3 000 米短道速滑接力的冠军。

速滑比赛女子 500 米和 1 000 米金牌再次被美国的鲍・布莱尔夺得，挪威运动员约翰・奥拉夫・柯斯一人独得速滑比赛男子 1 500 米、5 000 米、10 000 米三枚金牌，并且创造了新的世界纪录。

俄罗斯以绝对优势获得了花样滑冰比赛四枚金牌中的三枚，俄罗斯的花样滑冰搭档叶卡捷琳娜・格尔吉耶娃和谢尔盖・格林科夫则继 1988 年后再次夺得了双人滑金牌。另一枚女子单人滑金牌由乌克兰选手获得。

越野滑雪是东道主挪威的传统优势项目，比赛吸引了众多的挪威观众加油助威，挪威选手夺得了男子五个项目中的三枚金牌。而俄罗斯女运动员柳・叶戈罗娃赢得了女子 5 公里、10 公里及 4 × 5 公里接力三枚金牌，并且在女子 15 公里比赛中获得银牌。意大利的曼努埃拉・迪森塔参加了女子五个项目的全部比赛，获得两金两银一铜。

在高山滑雪项目中，瑞士女将弗雷尼・施奈德夺得金、银、铜牌各一枚，德国选手马・瓦斯梅尔获得了男子大回转和超大回转的冠军。

参加冰球比赛的 12 支队伍水平接近，比赛极为激烈。瑞典队和加拿大队之间的决赛经过 60 分钟比赛和加时赛仍为 2 ∶ 2，最后通过任意球决出胜负，瑞典队获得了他们的首枚奥运冰球比赛冠军，加拿大队获得亚军，芬兰队获得第三名，俄罗斯第一次被挤出了该项目奖牌榜行列。

• 金牌榜

名次	国家或地区	金牌	银牌	铜牌	总计
1	俄罗斯	11	8	4	23
2	挪威	10	11	5	26
3	德国	9	7	8	24
4	意大利	7	5	8	20
5	美国	6	5	2	13
6	韩国	4	1	1	6
7	加拿大	3	6	4	13
8	瑞士	3	4	2	9
9	奥地利	2	3	4	9
10	瑞典	2	1	0	3
…	…	…	…	…	…
19	中国	0	1	2	3

五

中国参赛情况

本届冬奥会上，中国派出了由 27 名运动员组成的代表团，共参加了速滑、短道速滑、花样滑冰、冬季两项和自由滑雪等竞赛。比赛中，我国运动员基本上发挥了正常水平，其中张艳梅获 500 米短道速滑银牌，叶乔波获 1 000 米速滑铜牌，陈露获花样滑冰女子单人铜牌。中国队最终以一银两铜的成绩排在奖牌榜的第 19 位。特别是陈露获得的铜牌，标志着中国女子单人花样滑冰水平已进入世界前列。台湾地区仅派出 3 名选手参加了双人座有舵雪橇比赛，参赛成绩在 43 队中名列第 35 名。

六

幕后故事

• 间隔时间的缩短

1986 年 10 月 17 日，在瑞士洛桑举行的国际奥委会第 91 次全会上通过投票做出了一个具有划时代意义的改革决定，即自本届冬奥会起，冬奥会与夏奥会将不在同一年举行，相互间隔两年。因此，利勒哈默尔奥运会开创了奥运史上的新时代。从 1994 年起，每两年就将迎来一个奥运年。由于奥运会电视转播费用是国际奥委会的主要收入来源，所以采纳这种方案的目的之一也是增加电视转播和吸引更多的电视观众。同时，奥运会次数的增加也使各家电视台可以更灵活合理地制订转播计划，分配转播资金以吸引更多的观众。而本次冬奥会距离上届冬奥会只有两年的时间，也是历史上唯一的一次。

• 绿色冰雪奥运

北欧人对生态和自然环境的重视是众所周知的，本届冬奥会也不例外。从筹备到结束，“绿色奥运”的理念贯穿着整个奥运会。奥运村的建筑风格完全采用当地样式，且建筑材料完全是天然的，餐巾纸用再生纸做原料，餐具也是用可以回收的有机材料制作的。为保护环境，第一次将圣火燃料改为酒精。因此，本届冬奥会被国际奥委会主席萨马兰奇称赞为“绿色冰雪奥运”。

• 传奇人物

本届冬奥会中，挪威速滑运动员约翰·奥拉夫·柯斯堪称挪威的英雄人物，他不仅在本届冬奥会中获得了三枚金牌，还倡议挪威同胞对饱受战争煎熬的人们伸出援助之手。在他的带领和激励下，挪威在本届冬奥会上表现出色，共夺得了十枚金牌，在金牌榜上紧跟俄罗斯之后排名第二。

被誉为世界速滑女皇的美国女子速滑名将鲍·布莱尔在本届冬奥会中获得女子 500 米、1 000 米速滑冠军，这是她在冬奥会上第三次获得女子 500 米速滑冠军，成为本届冬奥会中最耀眼的明星之一，也成为首次在该项目获得三连冠的运动员。

• 四人三国雪车队

在本届冬奥会中，有一支特别的队伍，那就是波斯尼亚和黑塞哥维那的四人雪车队。雪车队的成员来自不同国家，一位来自克罗地亚，两位来自波斯尼亚，一位来自塞黑。在战争阴云笼罩的前南地区，他们用自身的行动最好地诠释了奥林匹克精神。

• 呼吁和平

本届奥运会举办之时，萨拉热窝正饱受波黑战争之苦，大量平民和儿童在战争中丧生。在本届冬奥会的开幕式上，国际奥委会主席萨马兰奇呼吁世界和平、停止战争、放下武器，呼吁人们遵守“奥林匹克休战”原则。第二天，萨马兰奇冒着生命危险，亲临萨拉热窝，带去了利勒哈默尔冬奥会运动员们的鼓励和慰问。同时，以柯斯为首的挪威运动员及部分人士，成立了“奥林匹克援助基金会”，号召人们向非洲、波黑地区和拉丁美洲人民伸出援助之手。柯斯带头将自己在 5 000 米速滑比赛中获得的 22.5 万克朗捐出，国际奥委会和挪威奥组委也捐出了相同数额，用以救助那些饱受战争之苦和疾病折磨的人们。

• 天价转播权与蜂拥而至的游客

CBS 电视台斥资 2 亿 9 500 万美元购得本次冬奥会的电视转播权，创造了当时奥运会转播费的纪录。同时，还有超过 100 万的游客来到利勒哈默尔观看冬奥会，创造了自 1988 年卡尔加里冬奥会以来的最高纪录。

• 举办地

利勒哈默尔是挪威著名的滑雪胜地，是一个位于挪威中部偏南的城镇，距首都奥斯陆约 171 公里。它是古德布兰斯达尔谷地的商业和旅游中心，以气候宜人著称。无论冬夏，这里都聚集着大量的体育爱好者，同时也有很多与纺织和木匠相关的制造业，城东南有十分著名的民间博物馆，吸引着大量的游客前来参观。利勒哈默尔地处北纬 60.08° ，二月份平均气温 −9℃，在当时所有举办过奥运会的城市中纬度最高、气温最低。

• 奥运百科

奥林匹克休战

奥林匹克休战最早是指古希腊各个城邦之间，在四年一度的古代奥林匹克运动会前后停止战争、允许运动员参加比赛和观众前往观看的休战协议；现在则是指国际奥委会根据古希腊共和国奥林匹克神圣休战的做法设计的一项国际和平活动。1992 年，因国际奥委会与联合国的倡议，波黑战争交战双方在巴塞罗那夏季奥运会期间得以停火。1993 年国际奥委会向联合国递交了奥林匹克休战议案，10 月 25 日联合国第 48 届大会一致通过了该议案，要求联合国各成员国从每届奥运会开幕前一周至闭幕后一周期间，遵守奥林匹克休战协议。

第十八届

1998 年长野冬奥会

开幕时间：1998 年 2 月 7 日

闭幕时间：1998 年 2 月 22 日

举 办 地：日本长野

一

申办历程

在本届冬奥会申办过程中，西班牙的哈卡、美国的盐湖城、瑞典的厄斯特松德、意大利的奥斯塔以及日本的长野均向国际奥委会提出了申办意向，最终长野用十足的诚意打动了国际奥委会，在投票中击败了其他四个竞争对手，获得本届冬奥会的主办权，时隔 26 年重新将冬奥会带回日本。

长野的市民对本届冬奥会的筹备投入了极大的热情，组委会也对本届冬奥会的各项工作做了精心准备。从火炬接力到开幕式，从比赛场馆到奥运村，都安排得井井有条。特别是奥运村，不仅可以容纳两千多名运动员和一千多名教练员和官员，而且有很完善的娱乐设施，如电影院、迪斯科舞厅、商店、餐馆、图书馆、教堂和健身房等。国际奥委会主席萨马兰奇在闭幕式上对本届冬奥会的成功举办给予了高度评价，他说：“恭喜长野，恭喜日本。你们向世界呈献了一次史上办得最好的奥运会。”

二

奥运元素

• 会徽

本届冬奥会会徽的主体为一个花朵的造型，它的每一片花瓣都代表着一名正在进行冰雪项目训练的运动员，整体也可以看作一朵代表冬奥会的雪花。这个会徽唤起人们对于山花的记忆，突出了长野对于环境的承诺。同时它以逼真、多彩、律动的特征寓意了本届长野冬奥会带给全世界的热情和辉煌。

• 运动海报

海报主体形象展现了冬季两项运动员射击的场景。海报的右上角印有本届冬奥会会徽，海报标题为英法双语“长野 1998，第十八届冬奥会，2 月 7 日至 22 日”字样。“源自内心的奥运——与爱同在”以法语、英语和日语三种语言呈现在海报上。

• 奖牌

为突出地方特色，奖牌采用长野当地的喷漆工艺制作，集压花烫金（日本莳绘工艺）、景泰蓝工艺和精密金属加工技术于一体。奖牌正面由橄榄枝托举出一轮正在冉冉升起的太阳，一枚景泰蓝的会徽和奥运五环镶嵌其上。背面主要采用喷漆工艺，用日本的莳绘工艺将本届冬奥会的会徽置于其上，同时展现了太阳从信州的山峰上升起的画面。奖牌的喷漆部分由来自木祖村地区的艺术家们分别完成。奖牌直径 80 毫米，厚度 9.7 毫米。金牌重 256 克，银牌重 250 克，铜牌重 230 克。

• 主题口号

本届冬奥会主题口号是“让世界凝聚成一朵花”（From around the world to flower as one）。

• 吉祥物

SUKKI, NOKKI, LEKKI AND TSUKKI（寸喜、能城、家喜和部木）

长野冬奥会的吉祥物是四只形态各异的猫头鹰。组委会分别给这四只吉祥物起名为寸喜、能城、家喜和部木。这四个名字的日文正好可以拼读出“Snowlets”，成了英文的“雪上小精灵”。之所以取这样的名字，是因为它们拼读在一起有以下几个含义：“snow”即“雪”，这使人们联想到冬季这一冬奥会举办的季节，而“lets”则代指“let's”，是叫大家都来参加冬奥会，同时“owlets”一词又有“小猫头鹰”之意。四只吉祥物又表示冬奥会每四年举办一次，可谓构思奇巧。

• 火炬

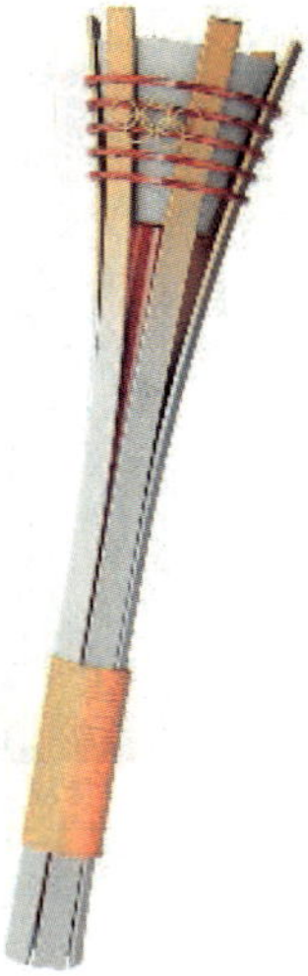

本届冬奥会的火炬颜色为红色、银色和黄色相间，由棉和铝合金制成，长度为 55 厘米。火炬的上半部分镶有奥运五环的图案和本届冬奥会会徽，并刻有铭文“第十八届冬奥会，长野 1998”。火炬设计灵感来自日本过去使用的松枝火炬。火炬的六角形状代表雪晶，银色则因类似于积雪覆盖的景观而被选为火炬的配色，黄绳的设计则是参考了日本的传统元素。

火炬手数量：希腊 15 名，日本 6 901 名

传递总距离：希腊境内 150 公里，日本境内约 1 162 公里

传递路线：希腊—日本

三

开幕式及火炬传递

1998 年 2 月 7 日上午 11 点，伴随着长野善光寺①的钟声，日本明仁天皇宣布第十八届冬奥会开幕。国际奥委会主席萨马兰奇致辞，倡导“和平的奥林匹克”和教育的重要性，表达了“爱与参与”的宗旨和关爱下一代、尊重大自然及实现友谊和平的愿望。为贯彻本

Nagano 1998-Vue d'ensemble de l'intérieur du stade pendant la cérémonie d'ouverture

① 善光寺：建于 1350 年前，是长野最古老的寺庙，是日本佛教建筑中的精品，被指定为国宝。

届冬奥会“人类与自然共存”的主题理念，在日本世界级指挥大师小泽征尔的指挥下，全球五个城市的歌唱家们通过卫星一起演唱了《欢乐颂》，给20世纪最后一届冬奥会染上了一层迷人的色彩。来自其他25个国家或地区的39位首脑政要和现场的5万名观众出席并观看了开幕式。日本北欧两项运动员荻原健司和花样滑冰裁判员平松纯子分别代表运动员和裁判员宣誓。开幕式的最后，日本前冬奥会女子花样滑冰奖牌获得者伊藤绿点燃了大会圣火。

长野冬奥会的圣火于1997年12月19日在希腊采集，12月23日抵达东京，其后被分别送往银座和代代木运动公园。1月4日，在代代木运动公园举行了盛大的仪式后，分三路由北海道札幌、冲绳那霸市和九州鹿儿岛穿越全日本47个县，以及长野的17个市、36个镇、67个村，最终三路火炬于冬奥会开幕前夕在长野县首府长野市会合。参加火炬接力的人数近7 000人，包括运动员、明星、社会知名人士和儿童。

四

赛事简况

项　　目：7 大项 14 分项 68 小项
运 动 员： 2 176 名
志 愿 者：32 000 名
媒体人员： 8 329 名

• 运动员及参赛国家或地区情况

参加本届冬奥会的共有来自 72 个国家或地区的 2 176 名运动员，其中女运动员 787 名，男运动员 1 389 名。首次出席冬奥会的国家有乌拉圭、阿塞拜疆、马其顿、肯尼亚和委内瑞拉。本届冬奥会无论是参赛代表团数目还是参赛运动员人数，都是冬奥会历来最多的一届，成为当时冬奥会历史上最大的一次盛会。160 多个国家或地区的电视台进行了实况转播，约 10 亿人收看了开幕式和比赛实况。

• 项目介绍

这届冬奥会的比赛共设 7 大项 14 分项 68 小项，较上届冬奥会新增了女子冰球、单板滑雪男女大回转、单板滑雪男女“U”形场地技巧和男女冰壶共 7 个小项。

• 成绩之最

本届冬奥会比赛可谓异彩纷呈，选手竞争极为激烈，奥运会纪录和世界纪录屡屡被刷新。荷兰为了在速滑项目上重新回到原来的优势地位，将高科技运用于冰刀设计之中，在本届冬奥会上借助他们最新研制的冰刀获得了男子 1 000 米、5 000 米、10 000 米，女子 1 000 米、1 500 米速滑项目的五枚金牌，并刷新了三项世界纪录、五项冬奥会纪录。

短道速滑仍然是亚洲选手的优势项目，能够与中日韩抗衡的欧美国家只有加拿大。最后，韩国队获得男子 1 000 米、女子 1 000 米、女子 3 000 米接力赛三枚金牌，加拿大队获得女子 500 米、男子 5 000 米接力赛冠军，日本队夺得男子 500 米第一。中国队在比赛中由于受规则不完善的影响，错失金牌，获得五枚银牌。

花样滑冰比赛中，俄罗斯仍优势明显，获得男子单人、双人、冰上舞蹈三枚金牌。女子单人滑金牌之争在两个美国选手之间进行，最后，15 岁的小将塔拉·利平斯基战胜美籍华人选手关颖珊，夺得

了这枚金牌，中国队的陈露获得了这项比赛的铜牌。

男子越野滑雪比赛中，北欧运动员优势明显，挪威队获得四枚金牌，芬兰队获得一枚金牌。被誉为“越野滑雪运动天才”的挪威运动员伯恩·达赫利夺得了男子10公里、50公里、4×10公里接力三枚金牌及15公里的银牌，连同前两届奥运会获得的奖牌，他总共获得了八枚金牌、四枚银牌，成为冬奥会史上获奖牌数最多的运动员。女子越野滑雪项目中，俄罗斯占绝对优势，囊括了所有五个项目的金牌，拉·拉祖蒂娜一人夺得三金一银一铜，成为本届奥运会的奖牌“大户”。

跳台滑雪比赛中，日本队夺得两枚金牌、一枚银牌、一枚铜牌，芬兰队夺得一金一银。北欧两项的个人和团体冠军均被挪威队夺得，亚军均被芬兰队获得。自由式滑雪比赛美国队夺得三枚金牌，日本队夺得一枚金牌。新增加的单板滑雪项目的四枚金牌被加拿大、瑞士、法国、德国平分。高山滑雪比赛中，奥地利队和德国队表现出色，各得三枚金牌，法国、挪威、意大利、美国各得一枚金牌。

雪车雪橇比赛中，德国队优势明显，取得了无舵雪橇比赛的所有三枚金牌和有舵雪橇的4人座金牌。有舵雪橇的双人座比赛，意大利队和加拿大队以相同的成绩并列第一。

重新列入冬奥会正式比赛项目的冰壶吸引了众多观众观看比赛，女子冠军被实力强劲的加拿大队获得，丹麦队获得银牌，瑞典队获得铜牌。在男子决赛中曾28次夺得世界冠军的加拿大队意外地输给了瑞士队，屈居亚军。挪威队获得第三名。

第一次列入冬奥会比赛项目的女子冰球有加拿大、美国、芬兰、中国、瑞典、日本等6支队伍参加，美国队战胜世界锦标赛冠军加拿大队，荣登冠军宝座。中国队奋力拼搏获得第四名。最受人瞩目的男子冰球比赛在长野的两个场馆举行，职业选手的加入使得比赛异常激烈精彩，参赛的12支队伍中职业选手占了将近一半的人数。

老牌劲旅加拿大队被捷克队淘汰，无缘决赛。经过紧张激烈的比赛，捷克队获得冠军，俄罗斯队获得亚军，芬兰队获得第三名。

• 金牌榜

名次	国家或地区	金牌	银牌	铜牌	总计
1	德国	12	9	8	29
2	挪威	10	10	5	25
3	俄罗斯	9	6	3	18
4	加拿大	6	5	4	15
5	美国	6	3	4	13
6	荷兰	5	4	2	11
7	日本	5	1	4	10
8	奥地利	3	5	9	17
9	韩国	3	1	2	6
10	意大利	2	6	2	10
…	…	…	…	…	…
16	中国	0	6	2	8

五

中国参赛情况

本届冬奥会中国代表团派出了 60 名运动员，参加了短道速滑、速滑、花样滑冰、女子冰球、自由式滑雪、冬季两项、越野滑雪等

40 个单项的比赛。中国运动健儿在比赛中团结奋战，取得了与前几届相比更加丰硕的成果，共获六枚银牌、两枚铜牌，尤其在短道速滑男女六个项目中，项项都有奖牌进账。女选手杨扬在与队友联手夺得接力项目的银牌之后，又夺得女子 500 米和 1 000 米两枚银牌，成为当时历届冬奥会夺得奖牌最多的中国选手。我国男子运动员李佳军在身体条件欠佳的情况下为中国队夺得 1 000 米银牌，成为中国冬奥会史上获得男子奖牌的第一人。在男子 500 米比赛中，17 岁的小将安玉龙不惧强敌、战胜自我，夺得一枚宝贵的银牌。此外，他还和队友在 5 000 米接力赛中，不畏加拿大队和意大利队等老牌劲旅，获得铜牌。中国花样滑冰女运动员陈露也用自己优异的表现获得了一枚来之不易的铜牌。

六

幕后故事

• 冰刀革命

在本届冬奥会奖牌榜上进步最快的是荷兰队，一举夺得五金四银两铜的战绩，从以往金牌榜上的十几名一下子上升到本届的第六名，令人惊叹。这其中的奥秘与“冰刀革命”有关。荷兰人用了 10 年时间，发明了名叫“斯莱普”的新型冰刀。以往的冰刀是鞋与刀相互固定，但“斯莱普”却将鞋跟与刀柄松开，从而使运动员加大了步幅，减少了阻力，故有“神奇冰刀”之称。荷兰人因此在本届冬奥会上得到一个美称——“飞翔的荷兰人”。

• “回收”奥运

在利勒哈默尔签订的生态协定此次在长野得到了很好的贯彻，组委会在环保方面做出了细致的安排。工作人员和志愿者的服装用的是可回收材料。吃饭的盘子也是由一种有机材料制成的，这种材料是从榨汁后的苹果残渣中提取出来的。因此，“回收”成为这届奥运会上使用最多的一个词。

• 奥运会对举办地的影响

长野冬奥会的组织者在场馆建设、赛事组织、后勤保障、文化活动组织等方面做出了精心安排和策划，使得本届冬奥会在坚持和发扬奥林匹克精神、倡导人与自然和谐相处、展示人类文化和科技进步方面取得了突出的成就。本届冬奥会耗资巨大（99.62亿美元），曾经一度遭人诟病。但是新干线的开通、最顶尖的冰雪项目场馆及其配套设施的建设，在给举办国带来财政压力的同时，却促进了当地社会、经济的巨大发展，冬奥会的举办给长野及其周边地区留下了丰富的奥运遗产。

• 举办地

长野是日本本州岛中部的一座古老城市，地处东京西北200公里，居日本列岛中心，素有“日本屋脊”之称，当时有200万人口。长野县是日本少有的农业县之一，林业、园艺发达，观光资源丰富，有日本历史最长的城堡天守阁，还有日本司法博物馆、日本浮世绘博物馆、善光寺和长野市立博物馆等。长野在古时候被称为信浓国，因养蚕造丝闻名国内外。现在则以精密仪器制造业发达著称，照相机、显微镜、钟表等产量很高，被称为“日本的瑞士”。作为 1998 年冬奥会和残奥会举办地，它拥有“白马”“志贺高原”“野泽温泉”等日本著名的滑雪游览胜地，并且与东京、名古屋、京都等主要城市间的交通也十分便利。长野地处本州岛中部的多火山地区，3 000 米以上的火山就有 13 座。在白雪皑皑的群山中举办冬奥会，别有一番情趣。

• 奥运百科

《奥林匹克运动 21 世纪议程》

《奥林匹克运动 21 世纪议程》由国际奥委会体育和环境委员会编制，并先后在国际奥委会 1999 年 6 月汉城会议和 1999 年 10 月里约热内卢第三届世界体育和环境大会上通过。

《奥林匹克运动 21 世纪议程》表达了奥林匹克运动在环境保护和可持续发展方面的承诺。它为奥林匹克运动参与全球范围内的可持续发展制订了行动规划，并确定了不同成员在贯彻可持续发展行动中肩负的责任。

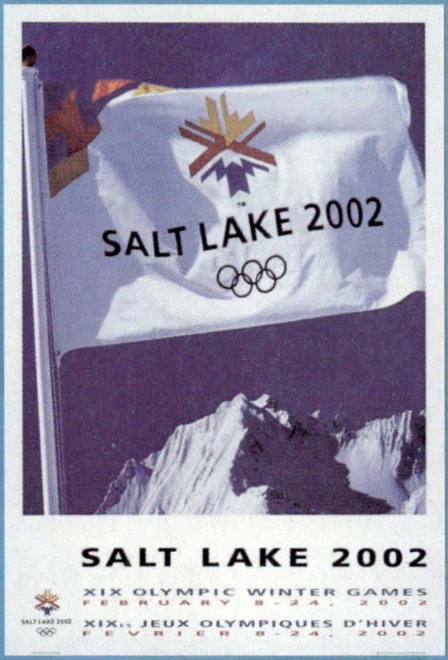

第十九届

2002 年盐湖城冬奥会

开幕时间：2002 年 2 月 8 日

闭幕时间：2002 年 2 月 24 日

举 办 地：美国盐湖城

一

申办历程

提出申办第十九届冬奥会的有美国的盐湖城、瑞典的厄斯特松德、加拿大的魁北克城和瑞士的锡永四座城市。在最后的国际奥委会投票中，美国盐湖城有惊无险地取得了 2002 年冬奥会的主办权。但此后不久，便爆出了盐湖城在申办冬奥会时贿赂国际奥委会官员的丑闻，剑指多位国际奥委会委员，并牵扯到时任国际奥委会主席的萨马兰奇，一时引起了轩然大波，这一事件导致多名国际奥委会官员辞职或被解职。

二

奥运元素

• 会徽

本届冬奥会的会徽主体为一个色彩明亮的雪花造型，由黄色、橘色和蓝色组成，这几种颜色主要来自犹他州的风景。构成雪花造型的这些图形主要想表达三重含义：差异、文化和勇气。差异象征着犹他州的地貌，从干旱的沙漠到白雪皑皑的群山；文化代表着源自美国本土的文化传承，以及与其他文化的融合；勇气体现着运动员的精神追求，也是奥运会的精神实质。举办者希望通过会徽表达出犹他州风景的多样性和这一地区丰富的文化遗产，进而体现奥林匹克的精神实质。在图片下方，奥运五环的上面是“盐湖城 2002”字样。

• 运动海报

海报以一张合成照片展现了一位自由式滑雪运动员在美国犹他州拱门公园中的精致拱门附近展示空中技巧。本届冬奥会会徽位于照片的下方，并印有“空中特技——精致拱门”字样。

• 奖牌

本届冬奥会的金牌和银牌均重达567克，为历届奥运会中最重的奖牌，铜牌重454克，由16位风格各异的艺术家设计而成。奖牌正面，在冰雪和岩石堆砌的大山中，一个手举火炬的运动员正从熊熊烈火中走出来，展现出一种不畏艰险、勇往直前的精神，带来一种鼓舞人心的力量。本届冬奥会的主题口号“点燃心中之火”也被镌刻在奖牌上。在奖牌背面中央，希腊胜利女神手拿花环，象征着古代奥运会将橄榄枝花环颁发给取得胜利的运动员。在胜利女神的怀抱之中有一个小的插图，代表着该枚奖牌的竞赛项目。每一枚奖牌的背面都刻着“盐湖城2002”、冬奥会的会徽和项目名称。在奖牌与丝带的连接处是罗马数字“XIX”，代表第十九届冬奥会。奖牌的形状来源于犹他州河流中岩石的形状，既古朴又现代，也体现着锻造技术由传统向现代的转化。每一块奖牌都是手工打造的，都像被流水和微风塑造过的岩石一样，各不相同。

• 主题口号

本届冬奥会主题口号“点燃心中之火”(Light the fire within)，被公认为有史以来最成功的奥运口号。

• 吉祥物

POWDER, COPPER, COAL

本届冬奥会吉祥物雪兔 Powder、北美草原小狼 Copper 和美洲黑熊 Coal 暗示着犹他州丰富的自然资源、白雪和广袤的土地，代表着奥林匹克运动会更快、更高、更强的精神。有超过 42 000 个在校的孩子给出了他们对于吉祥物名字的建议。组委会举行了一场全国投票来决定最终的名字，其他落选的选项包括天空、悬崖、阴影和箭矢、螺栓、岩石等等。

• 火炬

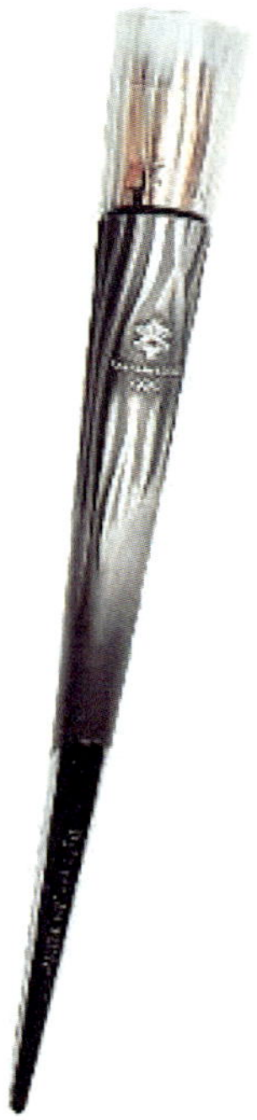

本届冬奥会火炬的颜色为银色和青铜色，由银、铜和玻璃共同制成，长度为 83.5 厘米。火炬的整体形状像钟乳石，火炬顶端的玻璃设计象征着冬季运动，银色罗纹则代表了美国西部天然冰和钟乳石景观。火炬的手柄中部和下部外表也有区别，中部的老旧银制花纹代表过去，而下半部分的高光泽度则代表了现代。这两个部分接合的地方有一个跑步者拿着火把，则代表了过去和现代之间的桥梁。火炬的火焰部分覆盖着一个玻璃冠，其下手柄上刻有文字“冠内点燃火焰”，再下部刻有本届冬奥会的会徽。组成火炬的材质也代表着不同的含义：玻璃代表冬天和冰，老银代表西方和流水，亮银代表运动员的心脏和速度，而铜代表火和激情，整体寓意犹他州的历史。

火炬手数量：希腊 41 人，美国 12 012 人

传递总距离：希腊境内 368 公里加 8 海里，美国境内 21 725 公里

传递路线：希腊—美国

三

开幕式及火炬传递

本届冬奥会于 2002 年 2 月 8 日 19 时在赖斯－埃克尔斯奥林匹克体育场正式开幕，有 5 万多名观众及 30 余位各国首脑政要出席了开幕式。美国总统乔治·布什宣布冬奥会开幕，国际奥委会主席雅克·罗格和本届冬奥会组委会主席米特·罗姆尼分别致辞。俯式冰橇运动员吉姆·谢亚和高山滑雪裁判员阿兰·彻齐则分别代表运动员和裁判员宣誓。随后，1980 年夺得冬奥会金牌的美国冰球国家队 20 名队员共同点燃了体育场内的主火炬塔。

特别值得一提的是，本届冬奥会是美国经历了“9·11”之后在本土举行的首次全球性盛会，更加激发了美国民众的爱国热情。在本届冬奥会开幕式中，纽约警察代表演唱了《天佑美国》；同时还有 8 位美国运动员，将一面从废墟里抢救出来的残破的美国国旗护送进会场，成为冬奥会开幕式上让人难忘的一幕。

本届冬奥会的圣火于 2001 年 12 月 1 日从希腊奥林匹亚采集，12 月 4 日抵达亚特兰大。在当地的百年奥林匹克公园，在亚特兰大举行的 1996 年夏奥会开幕式上点燃火炬塔的美国著名拳王穆罕默德·阿里点燃了美国土地上的第一棒火炬。随后，阿里将火炬交给了佩吉·弗莱明，弗莱明是 1968 年格勒诺布尔的花样滑冰奥运金牌得主，她与她的教练罗伯特·保罗一起跑了第一站。为了鼓励更多美国当地的人参与奥运会，火炬的传递路线通过了美国的300多个乡镇，也包括以前奥运会的各主办地：亚特兰大、普莱西德湖、圣路易斯、洛杉矶和斯阔谷，历经65天46个州，行程近22 000公里，于2月8日传递到盐湖城。有12 000多人参加了传递活动。在传递过程中，还有一支雪佛兰车队护送左右。

四

赛事简况

项　　目：7 大项 15 分项 78 小项
运 动 员：2 399 名
志 愿 者：22 000 名
媒体人员：8 730 名

• 运动员及参赛国家或地区情况

参加本届冬奥会的共有来自 77 个国家或地区的 2 399 名运动员，其中女运动员 886 名，男运动员 1 513 名。第一次参加冬奥会的国家或地区有泰国、尼泊尔、塔吉克斯坦和中国香港。本届冬奥会中，共有 18 个代表团有金牌入账，是历届冬奥会之中金牌分布最广的一次。其中中国、澳大利亚均为首次获得冬奥会金牌，而爱沙尼亚和克罗地亚则首次取得了冬奥会奖牌。

• 项目介绍

本届冬奥会的项目与上届相比又有增加，项目数量增加到 7 大项 15 分项 78 小项，新增加的项目为短道速滑男女 1 500 米、冬季两项男子 12.5 公里和女子 10 公里追逐、越野滑雪男女短距离、北欧两项短距离、有舵雪橇女子双人座以及男女卧式雪橇等。

• 成绩之最

在本届冬奥会中，来自各国的运动员奋勇拼搏，取得了多项优异的成绩，并打破了多个奥运会纪录和世界纪录。其中，德国速滑运动员克劳迪娅·佩希施泰因第三次夺得女子 5 000 米金牌，此外她还在 3 000 米比赛中夺冠。在无舵雪橇男子单人项目中，曾连续三次夺得该项目金牌的德国选手格奥尔格·哈克尔获取银牌后，成为奥运会历史上第一位在同一项目上连续五届获得奖牌的选手。短道速滑运动员杨扬则成为第一位夺得冬奥会金牌的中国人。

在高山滑雪比赛中，挪威的高山滑雪运动员克雷蒂尔·安德雷·阿莫特连夺男子超大回转和男子全能两块金牌，使其在参加过的冬奥会中获得的奖牌总数达到了七枚（三金两银两铜）。克罗地亚运动员娅妮卡·科斯泰里奇取得了三金一银的优异成绩。她在膝伤未愈的情况下报名参加了多项比赛，在夺取了全能比赛冠军后，她又在回转和大回转比赛中接连夺冠，并在超级大回转比赛中获得银牌。她因此成为继奥地利安东·塞勒和法国运动员让·克洛德·基利之后第三个在同一届奥运会上独揽三金的高山滑雪运动员。

在新增加的卧式雪橇比赛中，美国运动员吉姆·谢亚以百分之五秒的优势击败奥地利对手马丁·雷特尔后，夺取了冠军。谢亚一家堪称奥运世家，在 70 年前同样于美国进行的普莱西德湖冬奥会上，吉姆的祖父约翰·谢亚曾作为东道主的代表，宣读了运动员誓言，并在随后的速滑比赛中两夺金牌。在 1964 年的因斯布鲁克冬奥会上，吉姆的父亲詹姆斯·谢亚则参加过三项越野滑雪的比赛。但不幸的是，在本届冬奥会前 17 天，已经 91 岁高龄的约翰·谢亚不幸在交通事故中罹难，他未能等到自己的孙子戴上奥运金牌的光荣时刻。吉姆的父亲詹姆斯当时从看台上目睹了他夺冠的情景，而吉姆·谢亚在比赛中还将祖父的照片放到了头盔上。

来自芬兰的桑帕·拉尤南包揽了北欧两项的全部三项冠军，成为第一位在同一届奥运会中夺得三块北欧两项金牌的运动员，也成为本届冬奥会上的一大明星，被誉为“北欧两项第一人”。

冰壶比赛同样紧张激烈，进入男子决赛的挪威队和加拿大队势均力敌，激战到第 11 局时挪威队才以微弱优势夺冠，瑞士队获得第三名。来自冰壶运动发源地的英国女子冰壶队终于如愿以偿获得冠军，首次参加冰壶比赛的瑞士女队获得银牌，有着百年冰壶运动史的上届冠军加拿大队获得第三。

冰球比赛中，加拿大男队和女队各自夺冠，美国男队和女队分获亚军。参加男子冰球比赛的队伍由往年的 12 支增加到 14 支，比

赛吸引了众多美国球迷观战，美国队和加拿大队在决赛中相遇，加拿大队抓住机会在后半轮控制了局面，以 5∶2 战胜美国获得金牌。参加女子冰球比赛的队伍则由原来的 6 支增加到 8 支，决赛同样在美国队和加拿大队之间进行，最后是加拿大队以 3∶2 战胜美国队夺得冠军。

• 金牌榜

名次	国家或地区	金牌	银牌	铜牌	总计
1	挪威	13	5	7	25
2	德国	12	16	8	36
3	美国	10	13	11	34
4	加拿大	7	3	7	17
5	俄罗斯	5	4	4	13
6	法国	4	5	2	11
7	意大利	4	4	5	13
8	芬兰	4	2	1	7
9	荷兰	3	5	0	8
10	奥地利	3	4	10	17
…	…	…	…	…	…
13	中国	2	2	4	8

五

中国参赛情况

中国在本届冬奥会中派出了由 72 名运动员组成的代表团，并在此次冬奥会中取得了金牌零的突破。在短道速滑女子 500 米决赛中，中国队的杨扬击败了保加利亚的叶夫根尼亚·拉达诺娃和队友王春露，夺得了冠军，为中国取得了第一枚冬奥会金牌。此后，她又获得了女子 1 000 米比赛的金牌，并与队友合作获得了女子 3 000 米接力的银牌。而在花样滑冰的赛场上，我国选手申雪、赵宏博打破了欧美选手在这一领域内对奖牌的垄断，以出色的发挥拼下一枚双人滑铜牌。

六

幕后故事

• 引入“录像回放”技术

本届奥运会花样滑冰比赛因为裁判评分问题出现了三次争议，开创性地在裁判工作中引进了录像回放技术。

• 加拿大冰球 50 年的等候

在本届冬奥会男子冰球决赛中，一直被称为“无冕之王”的加拿大队最终以 5∶2 的比分击败了东道主美国队，终于赢得冰球比赛冠军，圆了加拿大人 50 年的梦想。

• 送到手的金牌

在本届冬奥会速滑比赛中，来自澳大利亚的运动员斯蒂文·布拉德贝里可谓是最大的幸运儿，他本是抱着参与的目的来到盐湖城的，但是赛场上的一系列巧合将冠军送到他手里。在半决赛中，他的两名对手滑倒，他幸运晋级。在决赛中，一出发，他就落在了所有对手的后面，进入最后一圈时，他差不多落后第一名半圈。但前面领先的运动员在最后一圈撞倒在一起，他以第一名的身份冲过终点线，并戏剧性地获得了这枚金牌。赛后，他公开承认，这枚金牌来得十分侥幸。

• 最安全的冬奥会

本届冬奥会是美国遭受恐怖袭击后首次举办的全球性体育盛会，因此安全问题成为主办者考虑的重中之重。为确保本届冬奥会“是最安全的”，美国共投入了 19 亿美元巨资，其中在安全防范上就花掉了 3.83 亿美元，另有多名反生物和化学武器专家待命，出动的军人、警察和联邦调查局特工约有 16 000 人。

开幕式过程中和前后两个小时主会场上空被辟为“禁飞区”，由美军 F-16 战斗机和黑鹰直升机负责巡逻。为防止恐怖分子从远处打黑枪，会场周围建筑物的制高点上都有狙击手坐镇，堪称有史以来最安全、安保最严格的冬奥会。

• 并列冠军

本届冬奥会花样滑冰双人项目中产生了两枚金牌，分属成绩排在前两名的选手。其实，在比赛结束时，本来排名第二的加拿大搭档加米·萨莱和大卫·佩雷蒂埃曾抗议裁判员裁决不公。加拿大代表团向大会提出申述，美国的媒体发表评论予以声援。国际滑冰联盟在经过调查之后，决定取消执法不公的法国裁判员玛丽·雷内·勒古涅的评分，加拿大和俄罗斯以相同的成绩并列第一。两个月后，国际滑冰联盟又对玛丽·雷内·勒古涅做出了禁止裁判工作三年并不得执裁都灵冬奥会的处罚。

• 举办地

作为美国犹他州的首府，盐湖城得名于其紧靠的大盐湖。19 世纪 50 年代，杨百翰带领摩门教的信徒在这里开拓荒野，逐渐建起一座城市，也使得当地人多半为该教教徒。值得一提的是，世界名校犹他大学就位于该市。盐湖城的经济收入主要来源于采矿业，该市为一座以工业为主、拥有发达的电子产业和高端生物科技的现代化城市，有“西部十字路口”之称。由于盐湖城多年来一直致力于大力发展户外旅游及度假产业，加之 2002 年冬奥会的成功举办，现在该市已成为美国重要的金融、商业中心，也是知名的度假胜地，其周边的大提顿国家公园、黄石国家公园是众多旅游者心向往之的旅游胜地。

• 奥运百科

国际奥林匹克委员会

国际奥林匹克委员会（International Olympic Committee，IOC）简称为国际奥委会，是一个国际性的、非政府的、非营利的组织，是奥林匹克运动的最高领导机构。它由“现代奥林匹克之父”皮埃尔·德·顾拜旦建立，于 1981 年 9 月 17 日得到瑞士联邦议会的承认，确认其为无限期存在的具有法人资格的国际机构。国际奥委会是夏季奥林匹克运动会、青年奥林匹克运动会、冬季奥林匹克运动会、残疾人奥林匹克运动会的组织者。

国际奥委会的机构有国际奥委会全体委员会议、执行委员会、总部和专门委员会。国际奥委会全体委员会议（IOC Session）是国际奥委会的最高权力机构，是奥林匹克运动中所有重大问题的决策机构。国际奥委会执行委员会（IOC Executive Board）是处理国际奥委会日常事务的机构，由全体委员会议授权，行使国际奥委会的职责。国际奥委会总部（IOC Headquarters）是负责处理奥林匹克运动日常事务的行政管理机构，位于瑞士洛桑。国际奥委会目前有100 个委员和 32 个荣誉委员，首任主席是来自希腊的泽・维凯拉斯，第二任主席是法国的皮埃尔・德・顾拜旦，目前担任国际奥委会主席的是德国的托马斯・巴赫。国际奥委会下设奥林匹克道德委员会、药物委员会等若干个专门委员会，管辖的国家和地区奥委会有 206 个。

第二十届

2006 年都灵冬奥会

开幕时间：2006 年 2 月 10 日

闭幕时间：2006 年 2 月 26 日

举 办 地：意大利都灵

一

申办历程

在申办本届冬奥会的过程中，共有六个城市提出了申办意向，分别是：意大利的都灵、瑞士的锡永、芬兰的赫尔辛基、奥地利的克拉根福、斯洛伐克的波普拉德、波兰的扎科帕内。但最终只有意大利都灵和瑞士锡永进入了国际奥委会的投票环节。经过激烈的角逐，都灵以 53 比 36 的票数胜出。于是，拥有 90 万人口的都灵成为有史以来规模最大的冬奥会主办城市，此前规模最大的城市是加拿大的卡尔加里，人口规模为 60 万。

值得一提的是，受到盐湖城冬奥会贿赂丑闻的影响，国际奥委会对本届冬奥会的申办程序进行了改革，成立由 15 个人组成的选举委员会，同时禁止国际奥委会成员和申办城市互访，以防止国际奥委会成员在此后的申办过程中出现“不适当的行为”。

二

奥运元素

• 会徽

2006年冬奥会的会徽精准描绘了都灵安托内利尖塔的剪影。这一剪影将安托内利尖塔抽象成了山的形状，在其上覆盖着冰晶雪花，展现了白雪与蓝天镶嵌在一起的美景。所有的冰晶交织在一起形成一张网：这是一张由科技与奥林匹克精神共同编织而成的网。

• 运动海报

海报以意大利语、英语和法语三种语言显示了“跳台滑雪”的运动名称以及“第二十届冬奥会”字样。本届冬奥会会徽位于海报的右下角。

• 奖牌

奖牌为圆形，中间有一圆形镂空，奖牌的形状正好体现了意大利的标志性形象——广场。挂着奖牌的丝带不是和从前一样直接连在奖牌的顶部，而是将丝带穿过中间的圆洞，随意而优雅地系在奖牌上。奖牌的正面是冬奥会的图形元素，反面是获胜项目的象形图和运动箴言。为了突出此次冬奥会奖牌的三维特征，奖牌的制作特别采用了闪光的缎面纹理，并充分利用了填充和留白手法。奖牌的设计者设计这枚奖牌时将视图形象、灵感想法、意大利历史上的奖牌样式、传统工艺相结合，将戒指、古代钱币和装饰品的元素完美地融合在这一枚奖牌上。奖牌的圆形也像奥运五环或者是一枚胜利的指环，当奖牌戴在获胜者的胸膛上时正好在靠近心脏的位置，使人们直接想到运动员的精气神和人类的奥运激情。

• 主题口号

都灵冬奥会的主题口号是："激情在这里燃烧"（Passion lives here）、"永不熄灭的火焰"（An Ever Burning Flame）。

• 吉祥物

NEVE AND GLIZ（内韦和格利兹）

2006 年意大利都灵冬季奥运会吉祥物是“内韦”和“格利兹”。“内韦”的形象是一个身着红色服装的小女孩，长着圆圆的脑袋，形状宛如雪球；“格利兹”则是一个身穿蓝色服装的小男孩，长着方脑袋，形状宛如小方冰块。在意大利语中，“neve”的意思是雪，“gliz”的意思是冰，它们共同象征着冬奥会项目中不可缺少的两种元素——雪和冰。吉祥物于 2005 年 9 月 28 日正式公布，由葡萄牙设计师佩德罗·阿尔布开克设计。

• 火炬

本届冬奥会的火炬为蓝色，由铝、塑料、钢和铜制成，长度为 77 厘米，火炬上刻有“都灵 2006”、本届冬奥会的会徽和奥运五环。本届冬奥会的火炬兼具古典和现代之美，外形貌似传统的木火把，但是它的流线造型又极富现代感。火炬外表运用了覆盖隔热涂料的铝材，内部则是高科技的钢铜合金。圣火通过火炬顶部的 12 个孔冒出，被精准地控制在 10 厘米的高度以下。

火炬手数量：希腊 534 人，意大利 10 001 人

传递总距离：希腊境内 2 006 公里，意大利境内 11 300 公里

传递路线：希腊—梵蒂冈—斯洛文尼亚—奥地利—瑞士—法国—意大利

三

开幕式及火炬传递

本届冬奥会开幕式于 2 月 10 日在意大利北部城市都灵的奥林匹克体育场隆重举行，意大利总统钱皮宣布本届冬奥会开幕。一场名为《意大利激情》的文艺表演表现了意大利历史文化的发展演化过程，由但丁的名著《神曲》选段作为文艺表演的开场白，欢迎各国运动员。在奥林匹克旗帜下，运动员代表越野滑雪选手罗卡和裁判代表比安切蒂均进行了庄严的宣誓，圣火的点燃者是意大利著名冬季女运动员斯特凡妮娅·贝尔蒙多。

本届冬奥会按照惯例，于 2005 年 11 月 27 日在奥林匹亚采集了冬奥会圣火的火种，并在 12 月 8 日将火种由希腊护送到了意大利罗马。时任意大利总统钱皮点燃意大利的第一支冬奥会火炬，其后将圣火交给雅典奥运会马拉松冠军意大利选手巴尔蒂尼，都灵冬奥会圣火传递正式开始。圣火途经意大利 107 个省份 140 多个城市，路程约 11 300 公里，历时 64 天。特别值得一提的是，火炬专门到达

了曾经举办过冬奥会的意大利的科蒂纳丹佩佐和法国的阿尔贝维尔。在 2 月 10 日的开幕式当天，圣火到达了都灵。

火炬传递的最后一幕把这一活动推向高潮。首先由三次奥运滑雪冠军艾伯托·汤巴携带奥运火炬进入体育场，然后交给意大利 4×10 公里越野滑雪接力队的四名男子，随后他们把火炬交给了皮埃罗·格罗斯，皮埃罗是 1976 年冬奥会的高山滑雪金牌得主，然后交由黛博拉－孔帕尼奥尼，她是 1992 年冬奥会高山滑雪冠军，最后她将火炬传递给了意大利北欧两项传奇人物斯特凡妮娅·贝尔蒙多，贝尔蒙多点燃了这座历史上最高的、57 米高的火炬塔。

四

赛事简况

项　　目：7 大项 15 分项 84 小项
运 动 员： 2 508 名
志 愿 者：18 000 名
媒体人员： 9 408 名

• 运动员及参赛国家或地区情况

在本届冬奥会中，共有来自 80 个国家或地区的 2 508 名运动员参赛，其中女运动员 960 名、男运动员 1 548 名。阿尔巴尼亚、马达加斯加、埃塞俄比亚第一次派代表团参加了冬奥会，本届冬奥会的参赛规模为历史之最。此外，有 26 个国家或地区获得了冬奥会奖牌。

• 项目介绍

本届冬奥会的项目设置较上届冬奥会相比数量上有所增加，部分项目有所改变。其中新增了冬季两项集体出发、越野滑雪团体短距离、单板滑雪和速滑男子团体追逐等项目，项目总数变为 7 大项 15 分项 84 小项。同时，上届冬奥会中的男子 50 公里和女子 30 公里越野滑雪项目在本届冬奥会中被等距离的自由式越野滑雪项目代替。

• 成绩之最

在本届奥运会中，各国选手竞争激烈，竞赛场上异彩纷呈，给全球观众献上了丰盛的冬奥大餐。

短道速滑比赛共产生八枚金牌，分别是男女 500 米、1 000 米、1 500 米，女子 3 000 米接力和男子 5 000 米接力。从比赛结果来看，韩国队显示出强劲实力，取得了六金三银一铜的骄人战绩，以优异的成绩捍卫了自己短道速滑霸主的地位。其中女子速滑运动员陈善有一人独得三金，男子运动员安贤洙取得了三金一铜，他也因此居本届冬奥会个人金牌榜之首。另外两枚金牌被中国队的王濛和美国名将阿波罗获得。

在高山滑雪项目中，奥地利实现了在该项目上的称雄，他们共夺走了总共 30 枚奖牌中的 14 枚。在运动员奖牌榜上，来自德国的滑雪运动员米夏埃尔·格雷斯在冬季两项的比赛中表现优异，夺得三枚金牌。来自加拿大的女子速滑运动员辛迪·克拉森获得了其参加的六个比赛项目中的五枚奖牌。德国速滑运动员克劳迪娅·佩希施泰因在本届冬奥会上再夺一金一银，这也使得她成为速滑项目上第一位获得九枚奥运奖牌的运动员。挪威滑雪运动员克雷蒂尔·安德雷·阿莫特成为在同一个项目中夺取四枚奥运金牌的高山滑雪运动员。来自加拿大的达夫·吉布森在自己 39 岁 190 天的时候夺得男子俯式冰橇的金牌，成为冬奥会历史上夺得个人项目金牌年龄最大的运动员。他于 1998 年从有舵雪橇项目转为俯式冰橇，2002 年入选加拿大队，在盐湖城冬奥会该项目中位列第十。

花样滑冰比赛中，俄罗斯仍占据较大优势，赢得了四枚金牌中的三枚。但除了男子单人滑冠军叶甫根尼·普鲁申科以绝对优势夺冠外，双人滑和冰上舞蹈比赛的冠军赢得并不轻松。由于实力选手退赛或在比赛中出现失误，女子单人滑冠军被日本选手荒川静香获得，这也是有史以来亚洲选手第一次获此殊荣。

参加男子冰球比赛的有 12 支球队，比赛激烈精彩，最后瑞典队以 3：2 战胜芬兰队获得金牌，捷克队获得第三名。上届冠军加拿大队表现不佳，未进入前四名。女子冰球比赛决赛加拿大队以 4：1 战胜瑞典队，美国队获得第三名。

• 金牌榜

名次	国家或地区	金牌	银牌	铜牌	总计
1	德国	11	12	6	29
2	美国	9	9	7	25
3	奥地利	9	7	7	23
4	俄罗斯	8	6	8	22
5	加拿大	7	10	7	24
6	瑞典	7	2	5	14
7	韩国	6	3	2	11
8	瑞士	5	4	5	14
9	意大利	5	0	6	11
10	法国	3	2	4	9
…	…	…	…	…	…
14	中国	2	4	5	11

五

中国参赛情况

在本届冬奥会中，中国队派出了由76名运动员组成的代表团，其中男子运动员36名，女子运动员40名，是中国参加冬奥会历史上运动员人数最多、参赛小项最多的一届，共参加短道速滑、花样滑冰、速滑、自由式滑雪、越野滑雪、高山滑雪、跳台滑雪、单板滑雪、冬季两项9个分项47个小项的角逐，并最终获得了两金四银五铜的优异成绩。尽管在金牌数量上与上届持平，但获得11枚奖牌却已经创造了历史。因为在此之前的七届冬奥会中，中国代表团累计夺得22枚奖牌。

在优势项目短道速滑比赛中，中国队女子速滑名将王濛收获了500米赛这枚宝贵的金牌，还获得了1 000米亚军、1 500米季军。花样滑冰双人滑比赛中，中国选手张丹、张昊组合以完美的表现夺

得银牌，刷新了中国队在双人滑项目中的最好成绩。而上届冬奥会铜牌得主申雪、赵宏博组合再次夺得铜牌，中国队另一组参赛选手庞清、佟健组合获得了该项目的第四名。

需要特别一提的是，韩晓鹏在自由式滑雪男子空中技巧项目的比赛中“一鸣惊人”，夺得金牌，成为首个获得自由式滑雪金牌的亚洲选手。中国“三朵金花”李妮娜、徐囡囡、郭心心也在空中技巧项目决赛中分别获得第二、四、六名，显示出强大的整体优势，这意味着中国队在冰雪项目上又取得了新的突破。

六

幕后故事

• 真正的友谊第一、比赛第二

在本届冬奥会越野滑雪女子 1.1 公里团体竞速赛中，来自加拿大的运动员萨拉·伦纳不慎折断了她的滑雪杆，正在她万分焦急之时，在场边观战的挪威队主教练将自己的滑雪杆借给萨拉使用，最终萨拉代表加拿大队获得这个项目的银牌，而挪威队则遗憾地与奖牌无缘。虽然挪威队最终无缘奖牌，但他们身上体现出的运动精神值得所有人敬佩和赞扬，他们也真正诠释了什么是“友谊第一、比赛第二”，诠释了奥林匹克精神的真谛。

• 瑞典队成为金牌赢家

本届冬奥会瑞典队取得了令人满意的成绩，此前的两届冬奥会上瑞典队都没能获得金牌。而在都灵，瑞典运动员获得了 7 枚冬奥会金牌，分别是男子冰球、女子冰壶、女子高山滑雪、冬季两项和三项越野滑雪项目。

• 手机直播比赛

第一次，五大洲十八个国家的观众能够在手机上观看奥运会比赛实况直播。另外，蒙古国和阿塞拜疆的观众也第一次能够通过电视转播看到所有比赛。上网查看比赛结果也很流行，torino 2006.org 网站的网页浏览量达到了七个亿。

• 冰壶令观众着迷

在意大利，冰壶并不能算是一项流行的运动，意大利冰壶队有资格入选冬奥会仅仅因为它是主办国。但几百万意大利人在观看了冰壶比赛的电视转播后却对这项运动着迷了，特别是意大利队 22 岁的队长乔尔诺兹，他不同寻常的发型和精致的眼镜都令观众难以忘怀。在比赛中，意大利队还击败了老牌劲旅美国队和加拿大队，遗憾的是最终只获得了第七名。

• 举办地

作为皮埃蒙特大区首府的都灵是意大利第三大城市，也是文化底蕴深厚、历史悠久的著名古城，保存着大量的巴洛克式建筑、洛可可式建筑和新古典主义法式建筑，拥有众多的宫殿、美术馆、教堂、歌剧院、广场、博物馆和庭院等名胜古迹。都灵的教育水平居意大利之首，拥有许多知名高校。都灵作为欧洲重要的政治中心，于 1911 年举办的世界博览会也充分体现了其高超的艺术之美和深厚的文化底蕴。第二次世界大战之后，它还是欧洲相当重要的工业、商业和贸易的集散地。

• 奥运百科

国家和地区奥林匹克委员会

国家和地区奥林匹克委员会简称国家和地区奥委会，是按照《奥林匹克宪章》的规定建立起来并得到国际奥林匹克委员会承认的、负责在一个国家或地区开展奥林匹克运动的组织。国家和地区奥林匹克委员会是奥林匹克运动的基本功能单位，只有完全符合《奥林匹克宪章》的有关规定才能得到国际奥林匹克委员会的承认，成为这一国家或地区奥林匹克运动唯一合法的组织者与领导者。国际奥林匹克委员会和国际单项体育联合会组织的各种奥林匹克活动，最终都要由国家和地区奥林匹克委员会来承担、执行和完成。目前国际奥林匹克委员会拥有 206 个国家和地区奥林匹克委员会。

第二十一届

2010 年温哥华冬奥会

开幕时间：2010 年 2 月 12 日
闭幕时间：2010 年 2 月 28 日
举 办 地：加拿大温哥华

一

申办历程

此前，加拿大共有卡尔加里、魁北克城以及温哥华三个城市有意申办第二十一届冬奥会。其中，卡尔加里曾主办过1988年冬奥会，而魁北克城则曾申办过2002年冬奥会。经过两轮国内的投票筛选，温哥华最终胜出。此外，还有中国的哈尔滨、安道尔的安道尔城、瑞士的伯尔尼、西班牙的哈卡、奥地利的萨尔茨堡、韩国的平昌和波黑的萨拉热窝等七个城市也曾有意申办本届冬奥会，但最终只有温哥华、平昌、萨尔茨堡、伯尔尼获准进行正式申办。

2002年9月27日，伯尔尼退出申办城市行列。2003年7月2日，国际奥委会在布拉格举行第115次全会，投票决定本届冬奥会举办权的归属。萨尔茨堡在第一轮投票后落选，在决定性的第二轮投票中，温哥华以56票对53票的微弱优势击败了平昌，如愿获得了本届冬奥会的举办权。

二

奥运元素

• 会徽

2005 年 4 月 23 日，温哥华冬奥会会徽“伊拉纳克”(Ilanaaq) 发布。该会徽主体为五块矩形组成的张开双臂的抽象人形，下方是“温哥华 2010”字样和奥运五环。伊拉纳克在因纽特语中意为“朋友”，其主体形象的设计灵感来源于加拿大北部地区原住民因纽特人的巨型石刻。伊拉纳克有着绿色的头部、深蓝色的双臂、天蓝色的身躯以及红色和金色的双腿。其中绿色、深蓝色与天蓝色代表温哥华沿海地区的森林、山区与群岛，红色是加拿大国家标志枫叶的颜色，金色代表温哥华的夕阳胜景，这五种颜色也对应了奥运五环的颜色。而会徽中人形的主体形象代表着友谊、热情、力量、视野和团队精神。该会徽的设计者是爱琳娜·里维拉·麦克格雷格。

• 官方海报

海报的主体是半片枫叶，与传统上象征加拿大的红色枫叶不同的是，这张海报上的枫叶颜色是绿蓝白相间的，代表着温哥华冬天的颜色——群山、蓝天、大海和雪山。枫叶图案上充满动感的、不同形状的线条，冰球、花样滑冰和高山滑雪等项目的插图则传达着冬奥会的元素。

• 奖牌

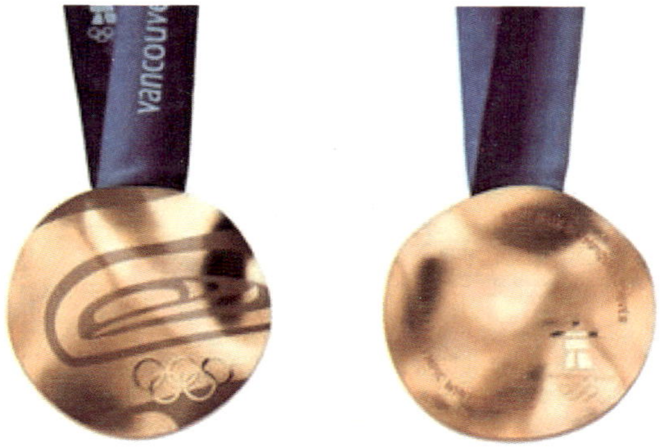

奖牌的正面用浮雕的方法镌刻着奥运五环，并用激光蚀刻的方法在其上雕刻了原住民图案等。奖牌的背面用本届冬奥会的两种官方语言——英语和法语标识了本届冬奥会的官方名称，同时也刻上了会徽和相关运动项目的名称。

本届冬奥会波浪形状的奖牌由加拿大的工业设计师、建筑师，来自温哥华当地的奥玛·埃尔伯设计。这种独特的波浪造型需要经历 30 步加工程序，包括 9 次击打过程。加拿大原住民设计师考琳·亨特创作的两幅具有浓郁民族特色的抽象画，分别成为冬奥会奖牌和冬季残奥会奖牌正面图案的来源。每枚奖牌截取画面的一小部分，每枚奖牌的正面图案均不相同，在奥运史上开创先河。温哥华冬奥会奖牌的设计包含颇多创意，创造了奥运史上的几项第一。

• 主题口号

2010 年冬奥会口号是“以炽热的心”（with glowing hearts）以及“辉煌的探险”（des plus brilliants exploits）。这两句话是加拿大英文版国歌和法文版国歌中的歌词。此前，组委会还为这两句歌词申请了商标注册。

• 吉祥物

QUATCHI AND MIGA（魁特奇和米加）

2010 年温哥华冬奥会吉祥物于 2007 年 11 月 27 日揭晓。两个吉祥物分别是米加（Miga）和魁特奇（Quatchi），它们的创作灵感均来源于加拿大西海岸原住民关于动物的神话传说。米加的创作灵感源于北太平洋印第安人的民间传说，是逆戟鲸与白灵熊的化身；魁特奇是北美西北山区传说中的怪兽，是一只大脚野人。

• 火炬

本届冬奥会的火炬为银色和白色相间，由不锈钢、铝、塑料和铜制成，长 94.5 厘米。火炬由加拿大著名的庞巴迪公司设计，灵感来自加拿大白雪覆盖的起伏地形和滑雪者冲下雪坡时在雪上留下的痕迹。火炬的大尺寸则反映了加拿大领土的广阔。火焰进气口的枫叶形状是加拿大的象征，火炬上还刻有本届冬奥会的会徽和铭文即“以炽热的心”和“辉煌的探险”。

火炬手数量：希腊 560 人，加拿大 12 000 人

传递总距离：希腊境内 2 180 公里，加拿大境内 45 000 公里

传递路线：希腊—加拿大

三

开幕式及火炬传递

本届冬奥会的开幕式于 2010 年 2 月 12 日在温哥华卑诗体育馆举行，这是冬奥会史上首次在室内举行开幕式。开幕式上，组委会首席执行官约翰·弗朗致欢迎词，国际奥委会主席罗格致辞，加拿大总督庄美楷宣布冬奥会开幕，加拿大冰球运动员代表全体运动员进行宣誓，短道速滑裁判米歇尔代表裁判员进行宣誓。此外，开幕式上还为当天刚刚在训练中意外受伤遇难的格鲁吉亚无舵雪橇运动员诺达尔·库马里塔什维利举行了默哀仪式。

本届冬奥会圣火于 2009 年 10 月 22 日在希腊奥林匹亚点燃，随后跨越北极点来到位于加拿大不列颠哥伦比亚省的维多利亚。2009 年 10 月 30 日，火炬从维多利亚市开始传递，直到 2010 年 2 月 12 日结束，为期 106 天，行程 45 000 公里，传递路程为冬奥会历史上最长。这期间，12 000 名火炬手的足迹遍及加拿大 1 000 多个城镇，包括 1976 年和 1988 年主办过奥运会的城市蒙特利尔（夏季奥运会）和卡尔加里（冬季奥运会）。火炬抵达了加拿大最北、最东和最南端。11 月 8 日，火炬传递至努纳武特，该地区距离北极 817 公里，是世界上可永久居住的极北之地。为纪念美加两国友谊，2 月 9 日火炬到达了位于美国华盛顿州和加拿大不列颠哥伦比亚省之间的边界——和平拱门。圣火到达加拿大后，两名奥运会冠军卡特里奥娜·勒梅·多恩和西蒙·怀特菲尔德一起跑了第一站。众多社会名流如阿诺德·施瓦辛格、史蒂夫·纳什、马特·劳尔、沙妮娅·特维因、冰球巨星西德尼·克罗斯比和韦恩·格雷茨基等参与了火炬传递。原定在开幕式上最后点燃主火炬的四人是卡特里奥娜·勒梅·多恩、史蒂夫·纳什、南希·格林和韦恩·格雷茨基，但由于四支主火炬臂中有一支发生故障，卡特里奥娜·勒梅·多恩未能成功引燃火炬臂。虽然技术问题阻止了火炬塔四臂之一的点火仪式，但是主火炬塔仍然被点燃。

四

赛事简况

项　　目：7 大项 15 分项 86 小项
运 动 员：2 566 名
志 愿 者：25 000 名
媒体人员：10 800 名

• 运动员及参赛国家或地区情况

本届冬奥会共有创纪录的 82 个国家或地区的 2 566 名运动员参赛。其中，开曼群岛、哥伦比亚、加纳、黑山、巴基斯坦、秘鲁和塞尔维亚为首次参加冬奥会。共有 26 个国家或地区登上了奖牌榜。

• 项目介绍

本届冬奥会共设立 7 个大项 15 个分项和 86 个小项比赛，比四年前的都灵冬奥会增加了两个小项，新增的项目是自由式滑雪的男女越野项目。

• 成绩之最

加拿大代表团在本次冬奥会上取得了傲人的战绩。在此前举办的1976年蒙特利尔夏奥会和1988年卡尔加里冬奥会上，加拿大选手都未能取得金牌。而在本届冬奥会上，加拿大不仅首次在本土获得了奥运会金牌，而且还以14枚金牌的成绩居金牌榜首位，成为继挪威在1952年奥斯陆冬奥会之后，第一个占据金牌榜首位的冬奥会东道主国家。此外，他们还打破了单届冬奥会上一个国家获金牌数的最高纪录：苏联在1976年因斯布鲁克冬奥会以及挪威在2002年盐湖城冬奥会上各获得13枚金牌。

加拿大冬奥会双人冰舞组合韦图和莫伊尔摘金，并且创下三项历史纪录，包括最年轻冬奥会冰舞金牌得主、加拿大首枚冬奥会冰舞金牌，以及北美选手首次赢得冬奥会冰舞金牌。另一枚双人滑金牌被中国选手申雪、赵宏博夫妇夺得。获得女子单人滑冠军的是韩国的美女选手金妍儿。美国选手2009年世锦赛冠军莱萨切克战胜俄罗斯名将普鲁申科获得男子单人滑冠军。

冬奥会速滑男子500米比赛中，韩国选手表现出色，牟太钒以69秒82的总成绩夺得冠军，这是韩国历史上首枚速滑奥运金牌。本届冬奥会女子500米速滑项目也被韩国选手爆冷摘金，以总成绩76秒09获得冠军。而在扣人心弦的速滑团体追逐赛中，东道主加拿大男队和经验丰富的德国女队笑到了最后。

在本届冬奥会男子俯式雪橇争夺赛中，加拿大选手蒙哥马利最后实现反超，以总成绩3分29秒73获得金牌，最有希望登顶的拉脱维亚名将马丁斯·杜克斯以3分29秒80遗憾摘银。而对于俯式雪橇项目女子组，英国选手威廉姆斯凭借稳定的发挥一路领先，以总成绩3分35秒64夺冠，亚军和季军则由两位德国运动员获得。在高山滑雪男子超级大回转比赛中，挪威名将斯文达尔继男子滑降中收获一枚银牌后，又以 1 分 30 秒 34 获得超级大回转的金牌。

挪威越野滑雪选手玛丽特·比约根在本届冬奥会上共获得五枚奖牌（三金一银一铜），成为历史上第九位在单届冬奥会上获五枚奖牌的运动员。而中国短道速滑运动员王濛也摘取了三枚金牌。

本届比赛中，加拿大冰球男队表现抢眼，在循环赛中成功晋级，淘汰赛中战胜德国队和俄罗斯队，半决赛中战胜斯洛伐克队。决赛中以 3∶2战胜美国队，获得本届冬奥会最有分量的一枚金牌。在女子冰球决赛中，加拿大队也以 2∶0 战胜美国队，成功蝉联冬奥会女子冰球冠军。

在总奖牌数上，美国共获得了 37 枚奖牌，高居第一，也创造了单届冬奥会上一个国家获奖牌数的最高纪录。此前德国曾在 2002 年盐湖城冬奥会上创造 36 枚奖牌的纪录。此外，斯洛伐克和白俄罗斯选手首次获得了冬奥会金牌。

- **金牌榜**

排名	国家或地区	金牌	银牌	铜牌	总数
1	加拿大	14	7	5	26
2	德国	10	13	7	30
3	美国	9	15	13	37
4	挪威	9	8	6	23
5	韩国	6	6	2	14
6	瑞士	6	0	3	9
7	中国	5	2	4	11
7	瑞典	5	2	4	11
9	奥地利	4	6	6	16
10	荷兰	4	1	3	8

五

中国参赛情况

本届冬奥会中国共有 91 名运动员出征，囊括了我国冰雪运动的全部顶尖选手，为历届阵容最大的冬奥会中国代表团。他们参加了短道速滑、花样滑冰、速滑、自由式滑雪、越野滑雪、高山滑雪、单板滑雪、女子冰球、冰壶、冬季两项等 10 个分项 49 个小项的角逐，获得五枚金牌、两枚银牌和四枚铜牌，创造了中国队参加冬奥会以来的最好成绩。

中国所获得的五枚金牌全部来自花样滑冰和短道速滑两个冰上项目。已于 2007 年退役的花样滑冰双人滑搭档申雪、赵宏博夫妇强势复出，在本届冬奥会上如愿夺冠，并创造了总得分的世界纪录。中国另一对搭档庞清、佟健则获得了该项目的银牌。在短道速滑项目上，中国女队包揽了全部四个单项的金牌。其中，王濛不仅成功卫冕 500 米冠军，还夺得了 1 000 米和 3 000 米接力的金牌。她因此成为中国到当时为止获得冬奥会金牌（四枚）和奖牌（六枚）最多的运动员，以及第一位单届冬奥会获得三枚金牌的中国运动员。

另一个表现较为突出的项目是自由式滑雪空中技巧。在男子项目中，刘忠庆获得了铜牌；在女子项目中，李妮娜和郭心心则分别获得了银牌和铜牌。在女子冰壶比赛中，中国队表现略有起伏，最终获得铜牌。

六

幕后故事

• 规则更改

本届冬奥会冰球项目首次使用了符合 NHL（北美职业冰球联赛）规则的场地，即长 61 米，宽 26 米，取代了国际冰球联合会标准的 61×30 米的场地。这一规则变化使以 NHL 球员为主组成的加拿大、美国、瑞典、芬兰、俄罗斯和捷克共和国等球队受益较大。

• 媒体情况

共有 10 800 名媒体记者报道了本届赛会，其中包括 7 000 名授权广播记者，2 800 名文字记者、摄影记者及未授权广播记者，1 000 名奥运会广播服务 (OBSV) 组织成员。

• 项目比赛分区域进行

本届冬奥会的比赛共在三个地区举行，分别是温哥华以及同属不列颠哥伦比亚省辖下的小城列治文、距温哥华 120 公里的惠斯勒雪山、距温哥华 30 多公里的塞普里斯雪山（又叫松柏山）。奥运会的开幕式和闭幕式都在温哥华市中心的卑诗体育馆内举行。

比赛项目中，冰壶、花样滑冰、冰球、雪橇曲棍球、短道速滑和轮椅冰壶项目在温哥华市内举行；而速滑项目则在列治文城内的场馆内举行；单板滑雪和自由式滑雪活动在松柏山举行；高山滑雪、越野滑雪、冬季两项、跳台滑雪以及所有雪车雪橇项目则在滑雪胜地惠斯勒雪山中举行。

• 火炬故障

开幕式上原本应被点燃的四支主火炬臂中的一支发生故障，最终未能同其他三支一样升起，这成为温哥华冬奥会开幕式的一大遗憾。面对这样的尴尬，组委会坦言或许是液压设备出了故障，点火仪式并不完美。在之后的闭幕式上，那根硕大的柱子被穿着小丑服装的“修理工”从地下拉了起来，缓缓地和其他几根冰柱搭建在一起。开幕式上的失误，就以这样一种幽默的方式弥补了。

• 举办地

温哥华是加拿大西部第一大城市，位于不列颠哥伦比亚省低陆平原地区，其南部便是美国西北部第一大城市西雅图。温哥华四季宜人，气候温和，有“加拿大雨都”之称。其城市内部交通发达，电子、生物科技和电影业发展迅速，经济繁荣，成为加拿大西部的工商业和金融中心。温哥华拥有三大著名学府即不列颠哥伦比亚大学（UBC，又称卑诗大学）、西蒙弗雷泽大学（SFU）和艾米利卡尔艺术与设计大学（ECU），每年为其输入大量有梦想、有创意的人才。其多元的文化体现在方方面面，尤其是著名的电影制片业。温哥华是北美洲继洛杉矶、纽约之后的第三大制片中心，素有“北方好莱坞”之称。

• 奥运百科

国际单项体育联合会

国际单项体育联合会是世界范围内管辖一项和几项运动项目并接纳若干管辖这些项目的国家级团体的国际性的、非官方的组织。由国际单项体育联合会的定义可知，它的职权在世界范围内，这是判断某个体育联合会是否是国际单项体育联合会的一条基本原则（例如国际篮联、国际足联、国际拳联等）。而有的国际单项体育联合会则管理几项运动项目，例如创立于 1908 年的国际游泳联合会，它不仅管理游泳，还管理规则完全不同的跳水、水球和花样游泳。根据《奥林匹克宪章》精神，它也是一个被国际奥委会承认的国际单项体育联合会。

第二十二届

2014 年索契冬奥会

开幕时间：2014 年 2 月 7 日

闭幕时间：2014 年 2 月 23 日

举 办 地：俄罗斯索契

一

申办历程

2014 年冬奥会申办初期，国际奥林匹克委员会共收到了来自七个城市的主办申请，它们是俄罗斯的索契、奥地利的萨尔茨堡、西班牙的哈卡、哈萨克斯坦的阿拉木图、韩国的平昌、保加利亚的索菲亚和格鲁吉亚的波尔若米。2006 年 6 月 22 日，国际奥委会执行委员会一致推选索契、萨尔茨堡、平昌为候选城市。

2007 年 7 月 4 日，国际奥委会第 119 次全会在危地马拉首都危地马拉城举行，会议投票选举出了 2014 年冬奥会主办城市。经过两轮的激烈角逐，最终俄罗斯的索契以 4 票的微弱优势（51 ∶ 47）险胜竞争对手韩国的平昌，拿到了 2014 年冬奥会的主办权，冬奥会首次来到冰雪运动强国俄罗斯。

二

奥运元素

• 会徽

索契冬奥会会徽设计凸显了简洁和现代的理念，这是在历届会徽设计中第一次没有使用图像或绘制的图形，而在会徽的第一行使用了代表本届冬奥会网址的印刷体字母，在其下面是数字 2014 和奥运五环，而 2014 的造型仿佛与其上的索契字母镜像般对称。

“为了证明我们的创新，索契 2014 年冬奥会的会徽是清晰的、数字化的。”第二十二届冬奥会组委会主席德米特里·切尼申科这样解释会徽的内涵，“今天，我们迎接未来，我们的会徽正是这样希望人们突破对我们国家的定见的。我们相信‘sochi2014.ru’会成为一个国际的，代表运动、社会、经济和环境的传世遗产的象征。”

• 官方海报

官方海报体现了索契冬奥会的精髓。高加索山脉高耸于黑海之上，象征着两个竞赛场地：一个位于索契海岸，用于冰上运动；另一个位于科阿斯纳亚－波利亚纳山谷，用于雪上运动。冬奥会会徽占据了海报的中心位置，海报上方的关键词“热情、冰爽、你们的”凸显了本届冬奥会的三个特性。

• 奖牌

第二十二届冬奥会的奖牌采用了镂空设计，体现了极强的俄罗斯民族风格。在奖牌上我们能看到索契的地标沐浴在阳光下，阳光正透过雪山的山峰照在黑海海岸的沙滩上。制作工匠开创性地混合了金属和聚碳酸酯，使得奖牌在强光下闪闪发光，也使得那些获得奖牌的少数人显得更特别。

奥运五环被镌刻在奖牌的正面，运动项目的英文名称和会徽被镌刻在了奖牌的背面，“第二十二届冬奥会”这一官方标题用英文、俄文和法文刻在了奖牌的边缘。奖牌直径 100 毫米，厚 10 毫米，重量因金银铜材质不同介于 460 至 531 克之间。

• 主题口号

2013 年 9 月 25 日，索契奥组委在冬奥会倒计时 500 天的时候发布了本届冬奥会的主题口号：“Hot. Cool. Yours.”——热情、冰爽、你们的。该口号寓意虽然气候寒冷，但俄罗斯充满激情与活力，欢迎各国运动员。

• 吉祥物

THE HARE, THE POLAR BEAR AND THE LEOPARD

索契冬奥会吉祥物自开始征集之日起便吸引民众广泛参与，先后收到 2.4 万多份设计方案。经过初选，评审委员会选出雪豹、太阳、雪花、兔子、海豚、圣诞老人、套娃等 10 份方案作为索契冬奥会吉祥物的候选。最终，近 100 万俄罗斯民众通过发送手机短信、拨打免费热线电话等方式投票选出了本届冬奥会的吉祥物——雪豹（the leopard）、北极熊（the polar bear）和兔子（the hare），“火焰男孩”和“雪花女孩”则成为索契冬季残奥会吉祥物。这也是奥运会史上首次对吉祥物进行全国投票。

• 火炬

本届冬奥会火炬整体为银色，有红色点缀，由铝制成，长度为 95 厘米。火炬的整体形状像火鸟的羽毛，红色为火鸟的颜色，火鸟的颜色据俄罗斯民间传说会带来运气和财富，红色也呼应了俄罗斯队的制服颜色。此外，本届残疾人冬奥会的火炬样式只是在颜色上与冬奥会火炬略有不同，采用天蓝色，象征残疾人运动所拥有的力量和精神。

火炬手数量：希腊 250 名，俄罗斯 14 000 名

传递距离：希腊境内 2 000 公里，俄罗斯境内 65 000 公里

传递路线：希腊—俄罗斯

三

开幕式及火炬传递

2014 年 2 月 7 日晚，第二十二届冬奥会开幕式在索契菲施特奥林匹克体育场拉开帷幕。开幕式的演出“俄罗斯之梦”，可谓是一场穿越俄罗斯历史与文化的时空之旅，将现场 4 万名观众带入精彩绝伦的梦境之中。美国、英国、德国和法国的元首均未出席开幕式，中国国家主席习近平出席了本届冬奥会的开幕式。俄罗斯总统普京宣布索契冬奥会开幕，国际奥委会主席托马斯·巴赫发言时表示，国家间的政治分歧应当通过和平对话方式得到解决，不应将运动员作为施加政治压力的工具。

2013 年 9 月 29 日，索契冬奥会圣火在希腊奥林匹亚采集成功后，先在希腊进行了约一周的接力，然后于 2013 年 10 月 7 日抵达莫斯科，开始了在俄罗斯境内长达 6.5 万公里的传递，共有 1.4 万名火炬手参与其中。火炬经过了俄罗斯联邦 83 个地区，并经过了该国的主要历史文化和自然遗址。为了使火炬传递尽可能到达更多的地方，传递团队还准备了汽车车队、从圣彼得堡到符拉迪沃斯托克之间的专机，以及在该国南部的特别列车。2013 年 10 月底，圣火被送达了埃布鲁斯山脉的最高点，并点燃了位于海拔 5 652 米处的火炬塔。11 月 9 日，俄罗斯宇航员奥列戈·科托夫和谢尔盖·雷亚桑斯基将火炬传递到太空中。11 月 23 日，由于采用了专门设计的燃烧器，火炬还被传递到了贝加尔湖深处，这是奥运火炬首次在湖底传递。点燃主会场火炬更是将冬奥会开幕式推向高潮，首先由女子网球“漂亮宝贝”莎拉波娃高举圣火入场，而后交给“撑竿跳女皇”伊辛巴耶娃。接下来是被誉为最伟大的古典式摔跤运动员的亚历山大·卡列林，第四位是前体操运动员卡巴耶娃，最后火炬交给了著名花样滑冰运动员伊琳娜·罗德尼娜和俄罗斯体育界传奇人物冰球运动员弗拉迪斯拉夫·特列加克，两人一同点燃了奥运会的主火炬。

四

赛事简况

项　目：7 大项 15 分项 98 小项

运动员：2 780 名

• 运动员及参赛国家或地区情况

应邀参加本届冬奥会的共有来自 89 个国家或地区的 2 780 名运动员，其中女运动员占 40%。首次参加冬奥会的国家有马耳他、巴拉圭、东帝汶、多哥、汤加和津巴布韦。有 28 个国家或地区的运动员赢得了本届冬奥会的奖牌。

• 项目介绍

本届冬奥会共设 7 个大项 15 个分项 98 个小项，较上届冬奥会相比略有变化。其中分项仍为 15 项，但新增了 12 个小项的比赛，分别为花样滑冰团体赛、雪橇团体接力、冬季两项混合接力、女子跳台滑雪、单板滑雪男女坡面障碍技巧、单板滑雪男女平行回转、自由式滑雪男女双板 U 形槽以及自由式滑雪男女坡面障碍技巧等。

• 成绩之最

挪威老将奥勒·埃纳尔·比约恩达伦在本届冬奥会中赢得了冬季两项10公里争先赛和新奥运项目冬季两项混合接力赛的冠军后，他的冬奥会奖牌总数已达到13枚，其中八金四银一铜。他也因此取代他的同胞伯恩·代赫利成为冬季奥运会历史上获得奖牌最多的运动员。

挪威越野滑雪运动员玛丽特·比约根在索契赢得了女子双追逐、团队冲刺和30公里自由式三枚金牌。至此，她的冬奥会奖牌总数达到十枚，她也成为了冬季奥运会历史上获得奖牌最多的女运动员之一。

本届冬奥会男子1 500米速滑的比赛中，波兰选手波洛达卡以1分45秒06的成绩，战胜荷兰选手维尔维杰夺冠。但女子1 500米速滑决赛中，荷兰选手大发神威，包揽前四名，其中特尔莫斯以打破冬奥会纪录的1分53秒51的成绩夺取该项目冠军。在男子10 000米速滑比赛中，荷兰选手再次包揽前三，伯格斯马打破冬奥会纪录夺金，克拉默和德琼分获亚军和季军。花样滑冰比赛中，日本的羽生结弦在短节目比赛中分数破 100 分大关 (101.45)，并以总成绩 280.09 分的成绩夺得冠军。

在高山滑雪项目上，18 岁的美国运动员米凯拉·席弗林成为冬奥会历史上该项目最年轻的奥运冠军，而 34 岁的奥地利运动员马里奥·马特成为年纪最大的冠军得主。36 岁的美国运动员米勒在男子超级大回转项目上获得季军，成为了冬奥会历史上该项目最年长的奖牌获得者。15 岁的日本选手平野步梦在男子 U 形场地技巧比赛中获得了银牌，成为冬奥会历史上雪上项目最年轻的奖牌得主。

本届冬奥会是俄罗斯运动员艾伯特·杰姆琴科和日本跳台滑雪运动员葛西纪明参加的第七届冬奥会，年过四十的他们在本届冬奥会中各赢得了两枚奖牌。葛西纪明时隔 20 年再一次站在了领奖台上，平了在冬奥会上获得金牌间隔时间最长的纪录。

同挪威运动员玛丽特·比约根一样，白俄罗斯冬季两项选手达亚·多姆瑞娃和俄罗斯短道速滑运动员维克多各获得了三枚金牌，成为本届奥运会上获金牌数量最多的运动员。而获奖牌数量第一的是瑞恩·伍斯特，他以两枚金牌、三枚银牌的成绩居运动员获奖牌数量之首。

本届冬奥会男子冰球决赛中，冰球强队加拿大队发挥出色，他们以 3 ： 0 击败瑞典队，成功卫冕，这也是加拿大队历史上第九次夺得冬奥会冠军，超越了俄罗斯队的八次，创造了新的历史。而女子冰球决赛在波绍伊体育馆落幕，加拿大队在 0 ： 2 落后的不利局势下连赢两分而进入加时赛，最后以 3 ： 2 险胜美国队，成功卫冕，实现四连冠。

• 金牌榜

名次	国家或地区	金牌	银牌	铜牌	总计
1	俄罗斯	13	11	9	33
2	挪威	11	5	10	26
3	加拿大	10	10	5	25
4	美国	9	7	12	28
5	荷兰	8	7	9	24
6	德国	8	6	5	19
7	瑞士	6	3	2	11
8	白俄罗斯	5	0	1	6
9	奥地利	4	8	5	17
10	法国	4	4	7	15
…	…	…	…	…	…
12	中国	3	4	2	9

五

中国参赛情况

此次冬奥会中国代表团派出了 65 人的参赛阵容，参加了高山滑雪、冬季两项、越野滑雪、冰壶、花样滑冰、自由式滑雪、短道速滑、单板滑雪和速滑等 9 个项目的比赛，最终获得三枚金牌、四枚银牌和两枚铜牌。总成绩与上届冬奥会相比略有下降，排名金牌榜第十二位。

短道速滑是中国队夺金最多的项目，中国参加的十届冬奥会中短道速滑赢得了七金十银七铜，成为奥运奖牌的最大贡献者。本届冬奥会中，中国代表团在短道速滑头号选手王濛和速滑主将于静因伤缺席之后依旧取得了两金三银一铜的优异成绩，其中李坚柔为中国队拿到首金，周洋则成功卫冕女子 1 500 米。此外，张虹在女子 1 000 米速滑项目上完成历史性突破——取得冠军。

在自由式滑雪空中技巧赛中，中国代表团进账一银一铜，成绩也很出色，虽然没有金牌进账，但这个项目在历届冬奥会中拿到了一金四银三铜的成绩，已经是中国代表团第二号奖牌大户。

花样滑冰在赛前被视为中国队的夺金点之一，但最终庞清和佟健只获得双人滑第四名，和奖牌擦肩而过。在冰壶比赛中，虽然男子冰壶队遗憾地在季军争夺战中败北，获得第四名，但这已经是中国男子冰壶队在冬奥会上取得的最好成绩。单板滑雪男女 U 形池的比赛，中国队虽然都有选手杀入决赛，但最后都没能取得奖牌“零的突破”。

六

幕后故事

• 开幕式意外事件

开幕式表演开始不久，体育场半空出现五朵巨大的雪绒花，它们的形状逐渐发生变化，最后绽放成奥运五环标志。但在雪绒花伸展的时候发生了意外，五环右上角的一朵雪绒花迟迟傲然不动，最终只有其他四片雪绒花变化成了四个白色的圆环，而五环标志变成了“四环外加一片雪绒花”。这片因设备故障并未打开的雪绒花，成为本届冬奥会开幕式的最美丽的缺憾。

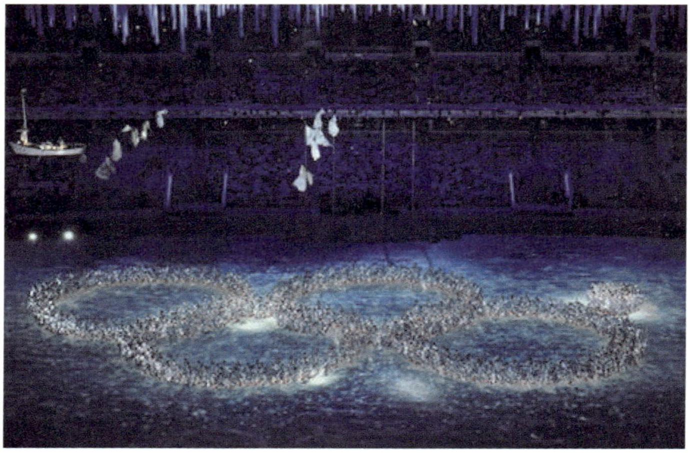

• 被困卫生间

2014 年 2 月 8 日，美国雪车运动员约翰尼·奎因由于门锁老化被反锁在卫生间内，成为“首个被困在卫生间的运动员”。他求救未果后，强行破“门”而出。事后，他还将被自己砸烂的门拍照发到网上，吐槽设施陈旧。

• 最严格的兴奋剂检测

本届冬奥会实行了有史以来最为严格的兴奋剂检测。在冬奥会期间，国际奥委会进行了 2 500 例兴奋剂检测，其中包括 1 200 多例赛前检测。

• 计时器乌龙

在索契冬奥会男子 500 米速滑决赛场上，由于冠亚军的成绩非常接近，致使官方计时器出现了乌龙。本应排在第一位的米歇尔·穆尔德在计时器上显示排在第二位，而排在第二位的荷兰选手斯米肯斯的总成绩却排在了第一位。不过几秒钟后，官方计时器及时更正了结果，斯米肯斯以百分之一秒之差获得亚军，穆尔德最终登顶。

• 冬奥纪念币

2013 年 10 月 30 日，俄罗斯中央银行在索契冬奥会倒计时 100 天的时间节点上发行了面值 100 卢布（约合 20 元人民币）的索契冬奥会纪念纸币。纪念纸币长 150 毫米，宽 65 毫米，正面是一位腾空的滑板滑雪者，背面是索契冬奥会体育场。此版纪念币的发行量为 2 000 万张。

• 奥运背后的政治角逐

距索契冬奥会开幕约半年，俄罗斯通过了一系列反同性恋法案，法案的推出将俄民众的反同情绪推向高潮，并发生了多起针对同性恋者的暴力侵害事件。俄罗斯被迅速推到了世界舆论的风口浪尖，西方政府、人权组织、同性恋团体纷纷表达反对与愤怒。美国代表团旋即宣布将派同性恋代表参加开幕式，国际人权组织表示俄罗斯通过的反同法案违背了《奥林匹克宪章》，国际奥委会主席罗格发声反对任何一种在奥运会上可能出现的歧视。索契冬奥会开幕式的前一天，美国谷歌公司在其网站发布了彩虹运动图案涂鸦。开幕式当天，德国队更是着彩虹队服出场以示抗议，而彩虹旗正是同性恋群体的象征。

索契冬奥会的反同争议成为奥运会政治化的导火索，争议背后是美俄两国、普京当局与西方国家的政治角逐。在西方国家看来，俄罗斯仍旧是"封闭""强权统治"的国家，并且美俄在叙利亚问题、人权问题及斯诺登的去留问题上的争端一直未断。开幕式当天，美国总统奥巴马、英国首相卡梅伦、法国总统奥朗德、德国总理默克尔及欧盟领导人均未到场。对于美国等西方国家的抵制，普京表现出了强硬态度。他曾特别强调，俄罗斯要比其他国家更自由。

• 史上最贵冬奥会

索契冬奥会总投资规模达到 510 亿美元，当之无愧地成为"史上最贵奥运会"，本届冬奥会的预算超过了往届所有冬奥会花费的总和，同时也打破了北京夏奥会在 2008 年创造的耗资 400 亿美元的纪录。2007 年，当索契战胜韩国的平昌赢得 2014 年冬奥会主办权时，其初始承办预算为 120 亿美元，其中 15 亿美元用来进行赛会组织，

88 亿美元用来进行基础建设，然而最终投资规模达到了初始预算的四倍多。而索契冬奥会的安保费用高达 30 亿美元，这也大大超过之前 2004 年雅典夏季奥运会创造的 15 亿美元的纪录。

• 举办地

索契是世界上最狭长的城市之一，位于黑海沿岸，俄罗斯联邦克拉斯诺达尔边疆区与格鲁吉亚交界处，是黑海边俄罗斯最大的城市之一。索契的东北侧是大高加索山脉，西侧是黑海，整个城市依山势沿海而建，短小的索契河把索契市分为东西两半。索契是全球著名的黑海海滨度假城市，每年接待游客超过 300 万。索契曾被视为苏联的“红色”休养胜地，无论是苏联领导人斯大林、赫鲁晓夫、戈尔巴乔夫，还是俄罗斯两位总统叶利钦、普京，都喜欢到这里度假。索契东北侧的大高加索山脉挡住了西伯利亚的寒风，南部的黑海又吹来温暖的海风，这些带给了索契温暖的气候和宜人的湿气，使得它虽与我国的吉林省位于同一纬度却温暖宜人，最低温度也不会低于 5℃。

• 奥运百科

奥运低谷效应

“奥运低谷效应”，即所谓的“后奥运效应”，指的是奥运会主办国及主办城市在奥运会后出现的经济衰退现象。其产生原因有奥运筹备阶段的投资和消费收入的激增与奥运会结束后投资和消费收入的相对减少，奥运会后大量的体育设施闲置，以及因体育设施维护而产生的庞大维护成本等。

参考资料

【1】国际奥委会官网 [EB/OS],https://www.olympic.org.

【2】百度百科 [EB/OS],https://baike.baidu.com.

【3】互动百科 [EB/OS],http://www.baike.com.

【4】千龙网 [EB/OS],http://www.qianlong.com.

【5】王仁周，朱志强 . 冬季奥林匹克运动：1924—2002[M]. 北京：人民体育出版社，2005.

【6】Olympic Studies Centre. Torches and Torch Relays of the Olympic Winter Games from Oslo 1952 to Sochi 2014[M]. 2014.

【7】全国体育学院教材委员会审定 . 奥林匹克运动 [M]. 北京：人民体育出版社，1993.

【8】胡安·安东尼奥·萨马兰奇 . 萨马兰奇奥林匹克回忆 [M]. 北京：世界知识出版社，2003.

【9】新浪体育 [EB/OS],http://sports.sina.com.cn.

【10】中国奥委会官网 [EB/OS],http://www.olympic.cn.

【11】中国人民大学人文奥运研究中心 . 奥林匹克知识市民读本 [M]. 北京：北京出版社，2005.

后　　记

随着北京－张家口成功申办2022年冬奥会，冬奥会对中国的意义已远超一届运动会的范畴，而是冬季运动在中国普及的发动机，是冬奥文化在中国生根发芽的催化剂。编写本书的初衷正是为了广大读者可以更好地了解冬奥会的历史和文化，更好地观看即将在家门口举办的冬奥会。

在中国人民大学人文奥运研究中心主任冯惠玲教授的策划和指导下，中国人民大学人文奥运研究中心编写了以普及冬奥会知识为目的的两本读物，并得到了中国人民大学科学研究基金项目（项目批准号15XNQ048，中央高校基本科研业务费专项资金）的资助。

本书的编写分工如下：杨燕萍主持全面的编写工作，并主要负责全书的编写和校核工作；臧虹和李洪满主要负责本书的资料收集整理以及各章内容编排工作；赵翀和唐楠棋主要负责资料翻译、图片收集和内容校对工作；李树旺和辛然对本书的编写提供了相关的支持和建议。

中国人民大学出版社的编辑潘宇、盛杰和宋义平对本书的策划、编排和出版付出了辛勤的汗水。

本书图片主要来自国际奥林匹克委员会官方网站并征得其同意而使用，在收集资料和图片的过程中，中国体育文化与收藏协会侯琨先生提供了有关海报的图片和资料，在此一并感谢。

本书编写在讲求通俗易懂的同时力求准确，在所述内容的参考资料出现矛盾时一般以国际奥委会官方网站内容为准。但因编写水平限制，难免会出现错误和纰漏，欢迎广大读者批评指正。

编　者

2017年10月

图书在版编目（CIP）数据

冬季奥林匹克之旅 / 杨燕萍主编 .—北京：中国人民大学出版社，2018.1
ISBN 978-7-300-24296-5

Ⅰ. ①冬… Ⅱ. ①杨… Ⅲ. ①冬季奥运会－基本知识 Ⅳ. ① G811.212

中国版本图书馆 CIP 数据核字（2017）第 057704 号

冬季奥林匹克之旅
杨燕萍 主编
Dongji Aolinpike zhi Lü

出版发行	中国人民大学出版社			
社　　址	北京中关村大街 31 号	邮政编码	100080	
电　　话	010-62511242（总编室）	010-62511770（质管部）		
	010-82501766（邮购部）	010-62514148（门市部）		
	010-62515195（发行公司）	010-62515275（盗版举报）		
网　　址	http://www.crup.com.cn			
	http://www.ttrnet.com（人大教研网）			
经　　销	新华书店			
印　　刷	涿州市星河印刷有限公司			
规　　格	170 mm×230 mm　16 开本	版　　次	2018 年 1 月第 1 版	
印　　张	20	印　　次	2018 年 1 月第 1 次印刷	
字　　数	234 000	定　　价	98.00 元	